ADVANCED GERMAN VOCABULARY

HARRIETTE LANZER AND RACHEL PARIKH

MARY GLASGOW PUBLICATIONS

Designed by Ennismore Design, London.
Printed and bound in Great Britain.

The authors would like to thank Carolyn Parsons,
Erwin Schaffer and Mike Short for their help with
this book.

Extracts on pages 29 and 67 from Collins German
Dictionary. Reproduced with the permission of
HarperCollins Publishers.

© Harriette Lanzer and Rachel Parikh 1994

First published in 1994 by:
Mary Glasgow Publications
An imprint of Stanley Thornes (Publishers) Ltd.
Ellenborough House
Wellington Street
CHELTENHAM GL50 1YD
England

A catalogue record for this publication is available
from the British Library.

ISBN 1 85234 527 6

VORWORT

SIE HABEN SICH ENTSCHIEDEN, WEITERHIN DEUTSCH ZU LERNEN.

Dieses Buch wird Ihnen helfen, Ihren Wortschatz zu erweitern, Aufsätze zu schreiben und Ihre Prüfung vorzubereiten: Die fünfzehn Kapitel beschäftigen sich mit dem heutigen Leben in Deutschland, und die Vokabeln und Redewendungen sind auf dem neuesten Stand des Sprachgebrauchs.

Unsere Vokabeltips unterstützen Sie beim Vokabellernen. Sie entwickeln daraus eine eigene Strategie, wie Sie sich neue Wörter und Phrasen aneignen. Legen Sie dafür ein persönliches Vokabelheft an, in das Sie neue Vokabeln schreiben. Ein gutes Wörterbuch brauchen Sie natürlich auch.

Wir wünschen Ihnen viel Erfolg und viel Spaß!

Abkürzungen:

m	*masculine*
f	*feminine*
n	*neuter*
pl	*plural*
inf	*informal*

Pluralformen sind in Klammern angegeben:
der Kindergarten (⸚) = die Kindergärten
die Schule (n) = die Schulen
das Thema (-men) = die Themen

INHALT

ARBEITSWELT

STELLENSUCHE

die Absage (n) — *rejection*

der/die Arbeitssuchende (n) — *job hunter*

der Arbeitsvertrag (⸚ e) — *work contract*

der Begleitbrief (e) — *covering letter*

der/die Berufsanfänger/in (-/nen) — *career starter*

die Berufsaussichten (*pl*) — *job prospects*

die Berufserfahrung — *professional experience*

das Berufsbild (er) — *job description*

der/die Bewerber/in (-/nen) — *applicant*

die Bewerbung (en) — *application*

das Bewerbungsformular (e) — *application form*

die Bewerbungsunterlagen (*pl*) — *application papers*

der Lebenslauf (⸚ e) — *curriculum vitae*

der Manteltarifvertrag (⸚ e) — *conditions of employment*

die Personalabteilung (en) — *personnel department*

das Stellenangebot (e) — *job offer*

die Stellenanzeige (n) — *job advert*

das Stellenprofil (e) — *job profile*

das Vorstellungsgespräch (e) — *interview*

das Zeugnis (se) — *testimonial*

IM BÜRO

die Ablage (n) — *filing*

der Anruf (e) — *phone call*

der Anrufbeantworter (-) — *answerphone*

die Bürotechnik — *office technology*

der Dienstwagen (-) — *company car*

sich um eine Stelle bei X bewerben	*to apply for a job at X*
X dient mir als Referenz	*X is acting as my referee*
Bewerbung ins Blaue/Blindbewerbung	*application (for a non-advertised post)*
wir haben uns für X entschieden	*we have chosen X for the job*
jemanden einstellen	*to take someone on*
ich habe eine Zusage von der Firma bekommen	*I have been offered a job by the company*
ich wünsche Ihnen einen guten Arbeitsbeginn	*good luck in your new job*

durchstellen — *to put through (on phone)*

die Durchwahl (en) — *extension*

die Essensmarke (n) — *meal voucher*

faxen — *to fax*

das Faxgerät (e) — *fax (machine)*

die Faxnachricht (en) — *fax (message)*

das Funktelefon (e) — *mobile phone*

der Kopierer (-) — *copier*

der Ordner (-) — *file*

schnurlos — *cordless*

die Schreibmaschine (n) — *typewriter*

der Telefonanschluß (-schlüsse) — *phone connection*

das Telefongespräch (e) — *phone call*

telefonisch — *by phone*

die Telefonzentrale (n) — *switchboard*

die Unterlage (n) — *documentation*

die Vergünstigung (en) — *perk*

die Visitenkarte (n) — *business card*

die Vorwahl (en) — *dialling code*

das Werbegeschenk (e) — *promotional gift*

BERUFSTÄTIG SEIN

die Abteilung (en) — *department*

anstellen — *to employ*

die Arbeitsunfähigkeit — *unfitness for work*

die Aufgabe (n) — *job, task*

das Aufgabengebiet (e) — *area of responsibility*

der Beruf (e) — *trade, profession*

beruflich — *professional*

beschäftigen — *to employ*

der Betriebsrat (⁻ e) — *works committee*

die Besprechung (en) — *meeting*

die Degradierung (en) — *demotion*

die Dienstreise (n) — *business trip*

der Erziehungsurlaub (e) — *maternity/ paternity leave*

die Fahrtkosten (*pl*) — *travel expenses*

die Förderung (en) — *promotion*

freiberuflich — *self-employed*

(un)befristeter Arbeitsvertrag — *(long) short term contract*

einen Vertrag unterschreiben — *to sign a contract*

einen Termin einhalten — *to meet a deadline*

einen Termin vereinbaren — *to make an appointment*

Geschäfte mit jemandem machen — *to do business with someone*

ein Gespräch führen — *to have a conversation*

X ist krank geschrieben — *X is off sick*

in den Ruhestand treten — *to retire*

Urlaub beantragen — *to apply for holiday*

7

die Ganztagsstelle (n)	*full-time job*
das Gehalt (⸚ er)	*salary*
die Gehaltserhöhung (en)	*pay rise*
der Gehaltszettel (-)	*pay slip*
die Gewerkschaft (en)	*union*
die Gleitzeit	*flexi-time*
die Halbtagsstelle (n)	*part-time job*
die Hierarchie (n)	*hierarchy*
das Job-Sharing	*job share*
die Kindertagesstätte (n)	*creche*
die Konferenz (en)	*conference*
die Kündigung (en)	*notice to quit*
die Probezeit (en)	*probationary period*
die Sitzung (en)	*meeting*
die Tagung (en)	*seminar*
die Teamarbeit	*team work*
die Überstunden (*pl*)	*overtime*
das Urlaubsgeld (er)	*holiday money*
die Verantwortung (en)	*responsibility*
vertraulich	*confidential*
die Vollversammlung (en)	*general meeting*
die Zusammenarbeit	*co-operation*

MENSCHEN

der Anbieter (-)	*supplier*
der/die Arbeitgeber/in (-/nen)	*employer*
der/die Arbeitnehmer/in (-/nen)	*employee*
die Aushilfe (n)	*temp*
die Belegschaft (en)	*staff*
der/die Berater/in (-/nen)	*consultant*
der/die Besitzer/in (-/nen)	*owner*
der/die Buchhalter/in (-/nen)	*accountant*
der/die Büroangestellte (n)	*office worker*
die Bürokraft (⸚ e)	*office clerk*
der/die Chef/in (s/nen)	*boss*
der/die Fabrikant/in (en/nen)	*manufacturer*
der/die Geschäftsführer/in (-/nen)	*managing director*
die Geschäftsleitung (en)	*management*
die Geschäftsleute (*pl*)	*business people*
der/die Geschäftspartner/in (-/nen)	*business partner*

der Lohn beträgt monatlich DM 2000 netto	*the monthly salary is 2000 marks net*
die Arbeitszeit beträgt 7 Wochenstunden	*the job entails 7 hours per week*
fristgemäß kündigen	*to give notice in time*
zur Verschwiegenheit verpflichtet	*bound to secrecy*
Weihnachtsgeld bekommen	*to get a Christmas bonus*

der/die Gesellschafter/in (-/nen) *partner, shareholder*

der/die Gruppenleiter/in (-/nen) *team leader*

der/die Händler/in (-/nen) *agent, dealer*

der/die Inhaber/in (-/nen) *owner*

der/die Käufer/in (-/nen) *purchaser*

der Kollege (n) *colleague (m)*

die Kollegin (nen) *colleague (f)*

der Kunde (n) *customer (m)*

die Kundin (nen) *customer (f)*

der/die Leiter/in (-/nen) *leader*

der/die Lieferant/in (en/nen) *supplier*

der/die Sachbearbeiter/in (-/nen) *clerk*

der/die Sekretär/in (-/nen) *secretary*

der/die Unternehmer/in (-/nen) *entrepreneur*

der/die Vertreter/in (-/nen) *representative*

der/die Vorgesetzte (n) *line manager*

VOKABELTIP

Treppenspiel (ein Spiel für zwei oder mehr Personen)
Wählen Sie einen Buchstaben. Jeder Spieler muß dann Treppen bauen.
Wer in fünf Minuten die meisten Treppen baut, gewinnt.

1. S
2. so
3. Sie
4. seit
5. schön
6. Schule
7. Schrank
8. schuldig
9. Sammlerin
...

Tip! Wenn Ihre Mitspieler(innen) neue Wörter haben, schreiben Sie sie
ins Vokabelheft – so erweitern Sie Ihren Wortschatz!

AUSLÄNDER

MENSCHEN

der/die Asylant/in (en/nen)

asylum seeker

der/die Außenseiter/in (-/nen) outsider

der/die Aussiedler/in (-/nen) immigrant

(especially from Eastern Europe)

der/die Besucher/in (-/nen) visitor

der/die Bürger/in (-/nen) citizen

der Einwanderer (-) immigrant

der Flüchtling (e) refugee

der/die Fremdarbeiter/in (-/nen)

foreign worker

der/die Gastarbeiter/in (-/nen)

immigrant worker

der/die politisch Verfolgte (n)

political refugee

der/die Reisende (n) traveller

der/die Übersiedler/in (-/nen) migrant

der/die Vertriebene (n) exile

EINWANDERUNG

die Abschiebung (en) deportation

sich abkapseln to isolate yourself

sich anpassen to fit in

die Arbeitsgenehmigung (en)

work permit

das Asyl (political) asylum

das Asylantenheim (e) refugee hostel

der Asylantrag (⁼ e)

application for asylum

der/die Asylbewerber/in(-/nen)

person who applies for asylum

in Deutschland akzeptiert sein — to be accepted in Germany

die Abschiebung abgelehnter Asylbewerber — deportation of people denied asylum

Anspruch auf Asyl — right of asylum

Asyl erhalten — to be granted asylum

illegale Grenzübertritte — illegal border crossings

illegaler Einwanderer — illegal immigrant

Verweigerung des Menschenrechts auf Asyl — denial of human right to asylum das Asylbewerberheim (e)

      hostel for asylum applicants

das Asylgesetz (e)   *asylum law*

der Asylmißbrauch (‥ e)

      misuse of asylum laws

die Aufenthaltserlaubnis (se)

      residence permit

das Aufnahmeland (‥ er)   *host country*

der Ausreiseantrag (‥ e)

      application to leave the country

das Aussiedlerheim (e)

      immigrants hostel

der Brauch (Bräuche)   *custom*

die Einbürgerung   *naturalisation*

das Einbürgerungsgesetz (e)

      naturalisation law

sich einleben   *to settle down*

die Integration   *integration*

der/die Mitbürger/in (-/nen)

      fellow citizen

das Sprachproblem (e)

      language difficulty

die Staatsbürgerschaft   *citizenship*

die Verfolgung (en)   *persecution*

das Visum (-sen)   *visa*

der Wohnort (e)   *place of residence*

der Zuzug   *influx*

ABLEHNUNG

die Abenteuerlust   *thirst for adventure*

aufhetzen   *to incite*

ausländerfeindlich   *xenophobic*

der Brandanschlag (‥ e)   *arson attack*

die Clique (n)   *group, clique*

die Demonstration (en)   *demonstration*

die Diskriminierung (en) *discrimination*

engstirnig   *small-minded*

die Erniedrigung (en)   *humiliation*

die Fahndung (en)   *search*

der Fremdenhaß   *hatred of foreigners*

der Gruppendruck   *group pressure*

der Kurzhaarschnitt (e)   *short haircut*

das Imponiergehabe   *exhibitionism*

die Intoleranz   *intolerance*

der Krawall (e)   *riot, brawl*

rassistische Spannungen/Vorurteile	*racial tensions/prejudices*
rechtsradikales Gedankengut	*right-wing extremist ideas*
Ausschreitung gegen Ausländer	*rioting against foreigners*
Anschläge auf Asylantenheime	*attacks on refugee hostels*
Ausländer-raus-Parolen	*anti-foreigner slogans (foreigners out)*
die Überfremdung – das Unwort des Jahres 1993 in der BRD	*infiltration with too many foreign influences – the taboo word of 1993 in Germany*

11

das Motiv (e)	*motive*
der Neofaschismus	*neo-fascism*
der Neonazi (s)	*neo-nazi*
der Rassenkrawall (e)	*race riot*
der Rassismus	*racism*
der/die Rechtsextremist/in (en/nen)	
	right-wing extremist
der Rechtsradikalismus	
	right-wing extremism
der Skinhead (s)	*skinhead*
der Terror	*terror*
die Unterdrückung (en)	*suppression*
verspotten	*to taunt*
das Vorurteil (e)	*prejudice*

ALLGEMEINES

der Akzent (e)	*accent*
der Dialekt (e)	*dialect*
einheimisch	*native*
gemischtrassig	*of mixed race*
die Großfamilie (n)	*extended family*
die Hautfarbe (n)	*skin colour*
die Herkunft (⸚ e)	*descent, background*
die Lebensart (en)	*way of life*
die Mischehe (n)	*mixed marriage*
die Nationalität (en)	*nationality*
der Patriotismus	*patriotism*
die Rassentrennung (en)	
	racial segregation

Beziehungen zwischen den Rassen	*race relations*
ethnische Minderheit	*ethnic minority*
von russischer Abstammung sein	*to be of Russian descent*
von einer Schlepperorganisation nach Deutschland gebracht werden	*to be brought to Germany illegally by a special organisation*
deutsche Staatsangehörigkeit	*German citizenship*
deutsche Staatsbürgerschaft annehmen	*to become a German national*
sich in einem fremden Land (un)wohl fühlen	*to feel uneasy/at ease in a foreign country*
sich wie zu Hause fühlen	*to feel at home*
die Eingliederung in die Gesellschaft	*integration into society*
andere Länder, andere Sitten	*different countries have different customs*
sich mit jemandem identifizieren	*to identify with someone*
Deutsch als Fremdsprache lernen	*to learn German as a foreign language*
intensiver Sprachkurs	*intensive language course*

VOKABELTIP

Unbekannte Wörter

So können Sie die Bedeutung eines Wortes herausfinden:

1. Wie ist das Wort aufgebaut?
2. Sehen Sie sich den Textzusammenhang an (worum geht es im Text?).

Zum Beispiel: In einem Text über das Bankwesen finden Sie das Ihnen unbekannte Wort *Geheimzahl*.

Dieses Wort besteht aus zwei Wörtern: Geheim *(secret)* und Zahl *(number)*.

Secret number im Bankwesen könnte vielleicht *PIN-number* bedeuten.

Um das festzustellen, schlagen Sie das Wort im Wörterbuch nach.

Aus welchen Teilen bestehen diese Wörter? Was bedeuten sie auf englisch?

a) Auspuffgase – Aus *(out)* puff *(puff)* Gase *(gases)* = *exhaust fumes*

b) Arbeitgeber

c) Umweltverschmutzung

d) Taschenbuch

e) Handschuh

f) Fußgängerunterführung

Kennen Sie andere Wörter? Machen Sie eine Liste!

COMPUTER

AUSRÜSTUNG

die Benutzeroberfläche (n)

	user interface
der Bestandteil (e)	*component*
die CD-ROM (s)	*CD-ROM*
der Cursor (s)	*cursor*
die Datei (en)	*data file*
die Daten (*pl*)	*data*
die Datenbank (en)	*database*
das Dialogfenster (-)	*pop-up window*
die Diskette (n)	*disc*
diskettenbetriebenes System	*DOS*
das Dokument (e)	*document*
die E-Mail (s)	*E-mail*
der Farbdrucker (-)	*colour printer*
das Fenster (-)	*window*
die Festplatte (n)	*hard disc*

der Großrechner (-)	*mainframe*
das Handbuch (⸚ er)	*manual*
die Hardware	*hardware*
der Heimcomputer (-)	*home computer*
das Hilfsprogramm (e)	*utility*
der Laptop (s)	*laptop*
der Laserdrucker (-)	*laser printer*
das Laufwerk (e)	*disc drive*
die Maus	*mouse*
das Menü (s)	*menu*
das Modell (e)	*model*
das Modem (s)	*modem*
der Monitor (en)	*monitor*
der Nadeldrucker (-)	*dot matrix printer*
das Netzwerk (e)	*network*
das Notebook (s)	*notebook*
der PC	*PC*
das Plättchen (-)	*chip*

der Computer hat seinen Platz erobert	*the computer has made a place for itself*
Computer werden eingesetzt	*computers are introduced*
computerunterstütztes Lernen	*computer-aided learning*
ein anwenderfreundliches Programm	*a user-friendly programme*
80 Megabyte Festplatte	*80 megabyte hard disc*
das System ist abgestürzt	*the system has crashed*
durch verbesserte Technik	*through improved technology*
durch technische Verbesserungen	*through technological improvements*

das Programm (e)	*program*	aktualisieren	*to update*
der Scanner (-)	*scanner*	anklicken	*to click on*
die Schnittstelle (n)	*interface*	anmelden	*to log on*
die Sicherungskopie (n)	*back-up copy*	anzeigen	*to display*
die Software	*software*	auffinden	*to detect*
der Speicher (-)	*memory*	aufrüsten	*to upgrade*
die Speicherkapazität (en)	*memory size*	ausdrucken	*to print out*
die Tabellenkalkulation (en)		ausschalten	*to switch off*
	spreadsheet	ausschneiden	*to cut*
die Tastatur (en)	*keyboard*	auswerfen	*to throw away/out*
die Taste (n)	*key*	bearbeiten	*to edit, revise*
das Terminal (-)	*terminal*	beenden	*to quit*
die Textverarbeitung	*word-processing*	bewegen	*to drag*
der Tintenstrahldrucker (-)		Datenkopien erstellen	*to back up*
	ink jet printer	(de)aktivieren	*to (de)activate*
die Vernetzung (en)	*networking*	drücken	*to press*
das Zeichen (-)	*character*	duplizieren	*to duplicate*
das Zubehör	*accessory*	einblenden	*to insert*
		einfügen	*to insert*

FUNKTIONEN

		eingeben	*to enter (data)*
		eintippen	*to key in*
abbrechen	*to cancel*	entnehmen	*to extract*
abmelden	*to log off*	entwerfen	*to design*

Kinder stehen in der Gefahr,	*children are in danger of becoming*
computersüchtig zu werden	*addicted to computers*
ein empfehlenswertes Programm	*a recommendable program*
mit Computern ausgestattet	*equipped with computers*
Computer bieten uns Unterhaltung	*computers offer us entertainment*
virtuelle Wirklichkeit	*virtual reality*

entwickeln	*to develop*	digital	*digital*
Fehler suchen	*to de-bug*	einfarbig	*monochrome*
formatieren	*to format*	eingeschränkt	*limited*
initialisieren	*to initialise*	empfohlen	*recommended*
installieren	*to install*	ergonomisch	*ergonomic*
kleben	*to paste*	erweiterbar	*expandable*
konvertieren	*to convert*	fähig	*capable*
kopieren	*to copy*	fehlerfrei	*faultless*
laden	*to load*	fehlerhaft	*defective*
löschen	*to erase*	flexibel	*flexible*
sichern	*to save*	garantiert	*guaranteed*
überlasten	*to overload*	handlich	*pocket-sized*
übertragen	*to transmit*	IBM-kompatibel	*IBM-compatible*
verarbeiten	*to process*	kompakt	*compact*
verbinden	*to connect*	logisch	*logical*
wiederfinden	*to retrieve*	mühelos	*effortless*
		praktisch	*practical*

BESCHREIBUNG

		technisch	*technical*
		tragbar	*portable*
anwenderfreundlich	*user-friendly*	umfassend	*extensive*
batteriebetrieben	*battery operated*	ungewöhnlich	*exceptional*
beweglich	*moveable*	verwirrend	*confusing*
binär	*binary*	vielseitig	*versatile*
defekt	*faulty*		

wahlfreier Zugriff	*random access*
durch Umgang mit dem Computer	*through working with computers*
das ermöglicht dem Benutzer	*that allows the user*
bei längerfristiger Beschäftigung	*through longer periods of use*
die Multimediatechnik	*multimedia technology*
sie ist immer am Computer zu finden	*she's always at the computer*

vorprogrammiert	*pre-programmed*
wirkungsvoll	*effective*
zuverlässig	*reliable*

SPIELE

das Abenteuer (-)	*adventure*
die Aufgabe (n)	*task*
die Simulation (en)	*simulation*
das Brettspiel (e)	*board game*
dreidimensional	*three dimensional*
farbenprächtig	*highly colourful*
führen	*to guide*
gefährdend	*damaging*
das Glücksspiel (e)	*game of luck*
die Graphiken (*pl*)	*graphics*
interaktiv	*interactive*
die Joysticksteuerung (en)	
	joystick control
das Konzept (e)	*concept*
die Reaktion (en)	*reaction*
realistisch	*realistic*
das Schießspiel (e)	*shooting game*
der Schwierigkeitsgrad (e)	
	level of difficulty

spannend	*exciting*
der/die Spieler/in (-/nen)	*player*
das Spielfeld (er)	*game area*
das Spielsystem (e)	*game system*
die Stufe (n)	*level*
das Ziel (e)	*aim*

ALLGEMEINES

der/die Anwender/in (-/nen)	*user*
die Anweisung (en)	*instruction*
die Ausdehnung (en)	*expansion*
der Befehl (e)	*command*
das Bild (er)	*image*
computerisiert	*computerised*
die Datensicherheit	*data security*
die Erläuterung (en)	*explanation*
der Fehler (-)	*bug*
das Format (e)	*format*
die Genauigkeit	*accuracy*
die Geschicklichkeit (en)	*skill*
der/die Hacker/in (-/nen)	*hacker*
die Hotline (s)	*hotline*
das Kennwort (÷ er)	*password*
die Kompatibilität	*compatibility*

bis zu drei Spieler nehmen daran teil	*up to three players can play*
das Spiel ist für Kinder nicht geeignet	*the game is not suitable for children*
seinen Weg über das Spielfeld machen	*to make your way across the game area*
man erlebt alles in der Rolle von X	*you experience everything in the role of X*
das Spiel basiert auf dem Film X	*the game is based on the film X*

die Leistung (en)	*performance*		die Schriftart (en)	*type face*
das Merkmal (e)	*feature*		die Strahlung (en)	*ray*
online	*online*		der Systemfehler (-)	*system error*
der Programmfehler (-)	*bug*		das Update (s)	*update*
der/die Programmierer/in (-/nen)			die Veränderung (en)	*modification*
	programmer		der Virus (-ren)	*virus*
die Raubkopie (n)	*pirate copy*		der Zusammenbruch (÷ e)	*crash*
der Schreibschutz	*write protection*		das Zusammenspiel (e)	*interaction*

VOKABELTIP

Das ABC Adjektivspiel (ein Spiel für zwei oder mehr Personen)
Adjektive sind sehr nützlich, wenn Sie einen Aufsatz oder eine Geschichte lebendiger machen wollen. Wie viele Adjektive kennen Sie schon? Versuchen Sie dieses Spiel. Gehen Sie das Alphabet durch. Wer kein Adjektiv einfügen kann, scheidet aus.

A: Meine Katze ist eine **a**dlige Katze.
B: Meine Katze ist eine **b**erufstätige Katze.
C: Meine Katze ist eine **c**haotische Katze . . .

Tip! Wenn Ihre Mitspieler(innen) neue Adjektive finden, schreiben Sie sie ins Vokabelheft – so erweitern Sie Ihren Wortschatz!

Alternative Sätze:
Mein Hund ist ein . . .er Hund.
Mein Kaninchen ist ein . . .es Kaninchen.
Meine Meerschweinchen sind . . .e Meerschweinchen.

DEUTSCHLAND

POLITIK

der/die Abgeordnete (n)
              member of parliament

abwählen   *to vote out of office*

das Amt (⸚ er)   *office*

die Außenpolitik   *foreign policy*

der Ausschuß (-üsse)   *committee*

der Beamte (n)   *civil servant (m)*

die Beamtin (nen)   *civil servant (f)*

die Behörde (n)   *authority*

das Bundesland (⸚ er)   *federal state*

auf Bundesebene   *at a national level*

der Bundeskanzler (-)
              federal chancellor

der Bundestag   *federal parliament*

der Bundesrat   *Bundesrat*
     (upper house of German parliament)

die Bundesregierung (en)
              federal government

der/die Bürger/in (-/nen)   *citizen*

die Debatte (n)   *debate*

demokratisch   *democratic*

der Erdrutschsieg (e)   *landslide victory*

die Erststimme (n)   *first vote*

föderalistisch   *federal*

die Fraktion (en)   *party, faction*

gesetzgebend   *legislative*

das Gipfeltreffen (-)   *summit meeting*

die Grundordnung (en)   *basic order*

---

die Bundesrepublik Deutschland (BRD) — *Federal Republic of Germany (FRG)*

die Deutsche Demokratische Republik (DDR) — *German Democratic Republic (GDR)*

Christlich-Demokratische Union (CDU) — *Christian Democratic Union*

Freie Demokratische Partei (F.D.P.) — *Free Democratic Party*

die Grünen — *Green Party*

Nationalsozialistische Partei Deutschlands (NPD) — *National Socialist Party of Germany*

die Republikaner — *Republican Party*

Sozialdemokratische Partei Deutschlands (SPD) — *Social Democratic Party of Germany*

das Grundrecht (e)	*basic right*	der/die Spitzenkandidat/in (en/nen)	
das Kabinett (e)	*cabinet*		*top candidate*
der Kapitalismus	*capitalism*	der/die Staatspräsident/in (en/nen)	
die Koalition (en)	*coalition*		*The President*
der Kollaps (e)	*collapse*	die Stimme (n)	*vote*
die Konzession (en)	*concession*	die Verfassung (en)	*constitution*
die Landesregierung (en)		verfassungsgemäß	*constitutional*
	regional government	die Versammlung (en)	*assembly*
der Landtag (e)	*regional parliament*	die Verwaltung (en)	*administration*
die Mehrheit (en)	*majority*	die Volksabstimmung (en)	*plebiscite*
das Mehrparteiensystem		der Volksentscheid (e)	*referendum*
	multi-party system	die Vorschrift (en)	*regulation*
die Menschenrechte (*pl*)	*human rights*	die Wahl (en)	*vote, election*
die Opposition (en)	*opposition*	wahlberechtigt	*entitled to vote*
die Partei (en)	*party*	das Wahlergebnis (se)	*election result*
die Parlamentssitzung (en)		die Wählerschaft (en)	*electorate*
	parliamentary session	der Wahlkampf (¨ e)	*election campaign*
das Parteimitglied (er)	*party member*	der Wahlkreis (e)	*constituency*
die Ratifizierung (en)	*ratification*	die Wahlurne (n)	*ballot box*
die Regierung (en)	*government*	die Weltanschauung (en)	*world view*
der Rücktritt (e)	*resignation*	die Zweitstimme (n)	*second vote*

eine absolute Mehrheit bekommen	*to get an absolute majority*
ein großer Teil der Bevölkerung	*a large proportion of the population*
mit der Politik einverstanden sein	*to agree with the politics*
der Sturz der Regierung	*the downfall of the government*
Staatsbürger/in zweiter Klasse	*second class citizen*
eine krachende Niederlage	*a crashing defeat*
zum Kompromiß bereit sein	*to be prepared to compromise*
eine solide politische Grundlage	*solid political foundations*
das Scheitern der Verhandlungen	*breakdown of talks*

Ex-DDR

die Abgrenzung (en)	separation
antifaschistisch	anti-fascist
die Arbeiterbewegung (en)	labour movement
die Arbeiterklasse (n)	working class
der Aufstand (⸚ e)	revolt
das Ausreisevisum (-sen)	exit visa
die (Berliner) Mauer	Berlin Wall
die DDR-Gründung	founding of the GDR
der DDR-ler	person from the GDR
der Diktator (en)	dictator
der Eiserne Vorhang	The Iron Curtain
die Entnazifizierung	denazification
die Genossenschaft (en)	co-operative
der Grenzübergang (⸚ e)	border crossing
der kalte Krieg	The Cold War
kollektiv	collective
der Kommunismus	Communism
die Nationalisierung	nationalisation
der Ostblock	Eastern bloc
das Politbüro	Politburo
der Proletarier (-)	proletarian
der Sozialismus	socialism
die Spionage	spying
die Staatssicherheit (Stasi)	state security service
die Stasi-Akten (pl)	state security files
die Stasi-Herrschaft	state security rule
die Trennung (en)	division
volkseigen	nationally owned
die Volkskammer	GDR parliament
der Warschauer Pakt	Warsaw pact
der/die Werktätige (n)	worker

nach Kriegsende wurde Berlin in vier Sektoren geteilt	after the war Berlin was divided into four sectors
die Alliierten übten die Staatsgewalt aus	the Allies assumed control
Berlin (Ost) wurde 1968 zur Hauptstadt der DDR erklärt	in 1968 Berlin (East) was declared the capital of the GDR
die gewaltsame Trennung der Familien und Freunde	the forced separation of families and friends
der radikale Wechsel vom Alten zum Neuen	radical change from old to new
Wunden hinterlassen	to leave scars
die Folgen des Zweiten Weltkrieges	the consequences of the second world war

21

VEREINIGUNG

die DDR-Nostalgie	
	nostalgia for the GDR
die Einheit (en)	*unity*
die errungene Freiheit	*freedom gained*
das Freudenfest (e)	*scene of jubilation*
der Ossi (s)	*east German (person)*
die Pleitewirtschaft (en)	
	bankrupt economy
die Reisefreiheit (en)	*freedom to travel*
die Treuhand	*privatisation agency*
der Umbruch (÷ e)	*radical change*
die Verbitterung	*bitterness*
der Wessi (s)	*west German (person)*
der Wiederaufbau	*reconstruction*
der Wohlstand	*affluence*
zusammenwachsen	*to grow together*

NAZIZEIT

die Alliierten (*pl*)	*allies*
der Anschluß (-üsse)	*annexation*
arisch	*Aryan*
die Besatzungsmacht (÷ e)	
	occupying force
die Besatzungszone (n)	
	occupation zone
die Braunhemden	*Brownshirts*
die Bücherverbrennung (en)	
	book burning
Drittes Reich	*Third Reich*
die Endlösung	*final solution*
der Faschismus	*fascism*
der Führer (-)	*leader, Hitler*
die Gaskammer (n)	*gas chamber*
das Getto (s)	*ghetto*

der Fall der Mauer	*the falling of the Berlin Wall*
Tag der deutschen Einheit (3. Oktober)	*German unification day (3rd October)*
die Flut nach Westen	*flood to the west*
die Verlegung des Regierungssitzes von Bonn nach Berlin	*transfer of the seat of government from Bonn to Berlin*
jeder dritte Arbeitsplatz in der DDR ist ausgefallen	*every third job in the GDR has been cut*
Sorgen um die wirtschaftliche und soziale Existenz	*worries about financial and social livelihood*
Steuererhöhungen zur Finanzierung der Einheit	*tax increases to finance unification*

das Hakenkreuz (e)	*swastika*	das Konzentrationslager (-)	
die Hitlerjugend	*Hitler youth*		*concentration camp*
der Holocaust (s)	*Holocaust*	der Nationalsozialismus	
der Kriegsverbrecher (-)	*war criminal*		*national socialism*
der Jude (n)	*Jew (m)*	der/das Pogrom (e)	*pogrom*
die Jüdin (nen)	*Jew (f)*	der Putsch (e)	*coup*
der Judenhaß	*anti-Semitism*	die Vernichtung (en)	*extermination*
die Judenverfolgung (en)		das Vernichtungslager (-)	
	persecution of the Jews		*extermination camp*

VOKABELTIP

Abkürzungen

Beim Lesen oder im Fernsehen stoßen Sie oft auf Abkürzungen.
Jedes Bundesland in Deutschland hat eine Abkürzung, die häufig
gebraucht wird:

BW	Baden-Württemberg	NI	Niedersachsen
BY	Bayern	NW	Nordrhein-Westfalen
BE	Berlin	RP	Rheinland-Pfalz
BB	Brandenburg	SL	Saarland
HB	Bremen	SN	Sachsen
HH	Hamburg	ST	Sachsen-Anhalt
HE	Hessen	SH	Schleswig-Holstein
MV	Mecklenburg-Vorpommern	TH	Thüringen

Auch andere Phrasen und Redewendungen werden gekürzt.
Was bedeuten folgende Abkürzungen?

z.B.   z.H.   usw.   Pkw   v.a.   d.h.   u.zw.   u.v.a.   bzw.   u.ä.

FREIZEIT

SPORT

die Abwehr	*defence*
der Angriff (e)	*attack*
der/die Anhänger/in (-/nen)	*supporter*
anstrengend	*exhausting*
die Anstrengung (en)	*exertion*
der/die Athlet/in (en/nen)	*athlete*
die Ausdauer	*stamina*
das Auswärtsspiel (e)	*away match*
der/die Berufssportler/in (-/nen)	
	professional sportsperson
die Bewegung (en)	*exercise, movement*
die Bundesliga	*German national league*
das Comeback	*comeback*
das Doping	*doping, drug-taking*
der Elfmeter (-)	*penalty kick*
das Endspiel (e)	*final*
der Fan (s)	*fan*
der/die Finalist/in (en/nen)	*finalist*

das Foulspiel	*foul play*
der/die Gegner/in (-/nen)	*opponent*
das Heimspiel (e)	*home match*
der Kapitän (e)	*captain*
der Klub (s)	*club*
die Leichtathletik	*athletics*
die Leistung (en)	*achievement*
der Leistungssport (arten)	
	competitive sport
der Manager (-)	*manager*
die Mannschaft (en)	*team*
das Mannschaftsspiel (e)	*team game*
das Match (e)	*(tennis) match*
der/die Medaillengewinner/in (-/nen)	
	medallist
der/die Meister/in (-/nen)	*champion*
die Meisterschaft (en)	*championship*
die Muskelpille (n)	*muscle pill*
der/die Nationalspieler/in (-/nen)	
	national player

bis zu fünf Stunden am Tag trainieren	*to train for up to five hours a day*
der Schiedsrichter verwies X des Feldes	*the referee sent X off*
der Kampf um den Titel	*the fight for the title*
X hat die zweite Runde erreicht	*X got through to the second round*
zur Halbzeit stand es 2 zu 3	*the score was 2–3 at half time*
X gewann gegen Y mit sechs zu null	*X beat Y by six to nil*

die Niederlage (n)	*defeat*		das Spielfeld (er)	*playing area*
der/die Olympiasieger/in (-/nen)			die Spielregel (n)	*rule*
	olympic winner		die Spielzeit (en)	*playing time*
der Pokal (e)	*cup*		der/die Spitzensportler/in (-/nen)	
das Preisgeld (er)	*prize money*			*top-class sportsperson*
der Profi (s)	*pro*		der/die Sponsor/in (en/nen)	*sponsor*
der Publikumssport	*spectator sport*		die Sportart (en)	*type of sport*
die Rangliste (n)	*ranking*		die Taktik (en)	*tactic*
der/die Rekordhalter/in (-/nen)			teilnehmen	*to take part*
	record-holder		der/die Teilnehmer/in (-/nen)	
die Rennbahn (en)	*race track*			*participant*
rennen	*to run, race*		der Torwart (e)	*goal keeper*
die Runde (n)	*lap, round*		der Trainer (-)	*coach*
die Saison (s)	*season*		trainieren	*to train*
der/die Schiedsrichter/in (-/nen)			das Trainingslager (-)	*training camp*
	referee		die Transfersumme (n)	*transfer fee*
schlagen	*to beat, hit*		das Turnen	*gymnastics*
das Semifinale (-finalspiele)	*semi-final*		das Turnier (e)	*tournament*
der Sieg (e)	*victory*		unentschieden spielen	*to draw*
das Sitzplatzstadion (-ien)			unschlagbar	*unbeatable*
	all-seater stadium		der Verteidiger (-)	*defender*
skifahren	*to ski*		der Vorlauf (-läufe)	*heat*
das Spielergebnis (se)	*final score*		der Wassersport (arten)	*watersports*

die Doping-Kontrolle ist positiv	*the drugs test is positive*
dreißig beide	*thirty all*
den Ball treffen	*to hit the ball*
Sport treiben	*to do sport*
ins Schwitzen kommen	*to break out in a sweat*
die Olympischen Spiele	*The Olympic Games*

der/die Weltmeister/in (-/nen)

world champion

die Weltrangliste (n)   world listing

der Weltrekord (e)   world record

wetten   to bet

der Wettkampf (± e)   competition

der/die Zuschauer/in (-/nen)   spectator

HOBBY

der Abendkurs (e)   evening class

abschalten   to switch off

aufwendig   costly

begabt   gifted

die Begabung (en)   talent

begeistert   enthusiastic

beliebt   popular

sich entspannen   to relax

die Entspannung (en)   relaxation

das Erlebnis (se)   experience

der/die Fanatiker/in (-/nen)   fanatic

faszinierend   fascinating

die Freizeitgestaltung

use of your leisure time

genießbar   enjoyable

geschickt   talented

gesellig   sociable

individuell   individual

das Interesse (n)   interest

kenntnisreich   knowledgeable

lebenslang   lifelong

die Leidenschaft (en)   passion

lohnend   rewarding

das Mitglied (er)   member

musikalisch   musical

musisch   artistic

originell   original

praktisch   practical

die Sammlung (en)   collection

selbsterlernt   self-taught

tollkühn   daring

das Vergnügen (-)   pleasure

der Verein (e)   club, society

die Volkshochschule (n)

(adult) education centre

sich weiterbilden

to continue your education

etwas ehrenamtlich/unentgeltlich tun   to do voluntary work

etwas als Hobby betreiben   to do something as a hobby

auf etwas stehen   to be really keen about something

sich für etwas begeistern   to be enthusiastic about something

die Zeit ausnützen   to make good use of time

Gymnastik zum Ausgleich machen   to do gym as a balance (to work)

REISEN

abenteuerlich	*adventurous*
die Abreise (n)	*departure*
der Aufenthalt (e)	*stay*
aufschlagen	*to pitch (a tent)*
das Ausland	*foreign countries*
die Besichtigung (en)	*visit*
die Bootsfahrt (en)	*boat trip*
der Charterflug (⸚ e)	*charter flight*
entdecken	*to discover*
die Eintrittskarte (n)	*entrance ticket*
die Entfernung (en)	*distance*
sich erholen	*to recover, recuperate*
die Fähre (n)	*ferry*
das Faulenzen	*lazing around*
der Ferienort (e)	*holiday resort*
die Ferienwohnung (en)	*holiday flat*
der Fernflug (⸚ e)	*long haul flight*
die Flughafensteuer (n)	*airport tax*
der Fremdenverkehr	*tourism*
die Gruppenreise (n)	*group holiday*
die Hauptsaison (s)	*high season*
die Impfung (en)	*vaccination*
die Kreuzfahrt (en)	*cruise*
der Linienflug (⸚ e)	*scheduled flight*
der Mietwagen (-)	*hire car*
die Pauschalreise (n)	*package holiday*
preisgünstig	*good value*
der Reiseboom (s)	*travel boom*
das Reisebüro (s)	*travel agency*
der Reiseführer (-)	*guide book*
der/die Reiseleiter/in (-/nen)	*tour leader*
der Reisepaß (-pässe)	*passport*
die Reiseplanung (en)	*travel plans*
der Reiseprospekt (e)	*travel brochure*
die Reiseroute (n)	*itinerary*
reservieren	*to reserve*
der Rucksackurlaub (e)	*back packing trip*
die Rundreise (n)	*round trip*
sehenswert	*worth visiting*
die Sehenswürdigkeit (en)	*sight*
die Städtetour (en)	*city tour*

man kann das Land das ganze Jahr über bereisen	*you can visit the country at any time of year*
sich die Stadt auf eigene Faust ansehen	*to visit the town on your own*
Hotels verlangen sehr hohe Preise	*hotels charge very high prices*
die Zeitumstellung überwinden	*to overcome jetlag*
etwa 1,5 Millionen Arbeitsplätze hängen von der Tourismusnachfrage ab	*about 1.5 million jobs rely on the demand from tourists*

der Strandurlaub (e)	*beach holiday*
der Tagesausflug (⸚ e)	*day trip*
die Tour (en)	*outing, trip*
die Tourismusbranche (n)	
	tourist industry
das Touristenzentrum (-zentren)	
	tourist centre
trampen	*to hitch hike*
der Traumurlaub (e)	*dream holiday*
die Übernachtung (en)	*overnight stay*
urlaubsreif	*ready for a holiday*
die Urlaubszeit (en)	*holiday time*
die Unterkunft (⸚ e)	*accommodation*
unterwegs sein	*to be travelling*
der Verkehrsamt (⸚ er)	*tourist office*
die Vermietung (en)	*letting*
verreisen	*to go away on holiday*
die Wanderung (en)	*walk*
der Wanderurlaub (e)	*walking holiday*
weltberühmt	*world famous*
die Weltreise (n)	*world trip*
das Zielgebiet (e)	*destination*
der Zuschlag (⸚ e)	*supplement*

FEIERTAGE

Diese gesetzlichen Feiertage sind von Bundesland zu Bundesland verschieden.

Neujahr (1.1.)	*New Year*
Heilige Drei Könige (6.1.)	*Epiphany*
Karfreitag	*Good Friday*

Ostersonntag	*Easter Sunday*
Ostermontag	*Easter Monday*
Maifeiertag/Tag der Arbeit (1.5.)	
	May Day
Christi Himmelfahrt	*Ascension*
Pfingstsonntag	*Whitsun*
Pfingstmontag	*Whit Monday*
Fronleichnam (10.6.)	*Corpus Christi*
Mariä Himmelfahrt (15.8.)	*Assumption*
Tag der deutschen Einheit (3.10.)	
	German Unification Day
Erntedanktag	*Harvest Festival*
Allerheiligen (1.11.)	*All Saints' Day*
Volkstrauertag	*Remembrance Day*
Buß- und Bettag	
	Day of Prayer and Repentance
Totensonntag	*Sunday before Advent*
1. Weihnachtstag (25.12.)	
	Christmas Day
2. Weihnachtstag (26.12.)	*Boxing Day*

Weitere besondere Tage:

Valentinstag (14.2.)	*Valentine's Day*
Fastnacht	*Carnival*
Aschermittwoch	*Ash Wednesday*
Gründonnerstag	*Maundy Thursday*
Reformationstag (31.10.)	
	Reformation Day
Nikolaus (6.12.)	*St Nicholas*
Heiligabend (24.12.)	*Christmas Eve*
Silvester (31.12.)	*New Year's Eve*

VOKABELTIP

Wörterbuch: Deutsch/Englisch

Wenn Sie die Bedeutung eines deutschen Wortes oder Informationen über ein deutsches Wort suchen, schlagen Sie das Wort im Wörterbuch nach. Sie müssen aber aufpassen – einige Wörter haben mehrere Bedeutungen.

Sehen Sie diesen Auszug an und beantworten Sie die untenstehenden Fragen.

Geschlecht   Genitivform   Pluralform

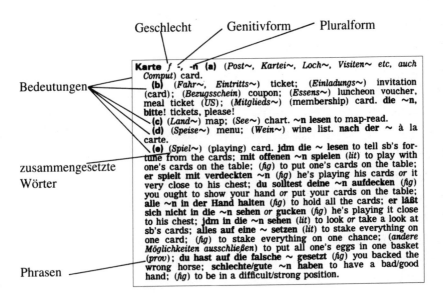

Bedeutungen

Karte *f* ⟨, -**n (a)** (*Post~, Kartei~, Loch~, Visiten~ etc, auch Comput*) card.
(b) (*Fahr~, Eintritts~*) ticket; (*Einladungs~*) invitation (card); (*Bezugsschein*) coupon; (*Essens~*) luncheon voucher, meal ticket (*US*); (*Mitglieds~*) (membership) card. **die ~n, bitte!** tickets, please!
(c) (*Land~*) map; (*See~*) chart. **~n lesen** to map-read.
(d) (*Speise~*) menu; (*Wein~*) wine list. **nach der ~** à la carte.

zusammengesetzte Wörter

(e) (*Spiel~*) (playing) card. **jdm die ~ lesen** to tell sb's fortune from the cards; **mit offenen ~n spielen** (*lit*) to play with one's cards on the table; (*fig*) to put one's cards on the table; **er spielt mit verdeckten ~n** (*fig*) he's playing his cards *or* it very close to his chest; **du solltest deine ~n aufdecken** (*fig*) you ought to show your hand *or* put your cards on the table; **alle ~n in der Hand halten** (*fig*) to hold all the cards; **er läßt sich nicht in die ~n sehen** *or* **gucken** (*fig*) he's playing it close to his chest; **jdm in die ~n sehen** (*lit*) to look *or* take a look at sb's cards; **alles auf eine ~ setzen** (*lit*) to stake everything on one card; (*fig*) to stake everything on one chance; (*andere Möglichkeiten ausschließen*) to put all one's eggs in one basket

Phrasen

(*prov*); **du hast auf die falsche ~ gesetzt** (*fig*) you backed the wrong horse; **schlechte/gute ~n haben** to have a bad/good hand; (*fig*) to be in a difficult/strong position.

a) Wie heißt die Pluralform von *Karte*?

b) Wie viele Hauptbedeutungen hat *Karte* auf englisch?

c) Was ist richtig: *der/die/das Karte*?

d) Wie heißt *Weinkarte* auf englisch?

e) Wie sagt man *Er hat mir die Karten gelesen* auf englisch?

f) Wie sagt man *Sie deckte ihre Karten auf* auf englisch?

GESUNDHEIT

RAUCHEN

asozial	*antisocial*
aufhören	*to give up*
inhalieren	*to inhale*
der Kehlkopfkrebs	*cancer of the throat*
kettenrauchen	*to chain smoke*
die Kippe (n)	*stub*
der Lungenkrebs	*lung cancer*
das Nikotin	*nicotine*
nikotinarm	*low-nicotine*
paffen	*to puff*
die Pfeife (n)	*pipe*
der Qualm	*thick smoke*
das Rauchen	*smoking*
der/die Raucher/in (-/nen)	*smoker*
der Raucherhusten	*smoker's cough*
der Teer	*tar*
die Zigarette (n)	*cigarette*
die Zigarre (n)	*cigar*
die Zigarettenwerbung (en)	*cigarette advert*
der Zug ($\doteq$ e)	*drag*

DROGEN

die Abhängigkeit (en)	*addiction*
der Dealer (-)	*drug dealer*
die Dosierung (en)	*dose*
der/die Drogenabhängige (n)	*drug addict*
die Drogenberatungsstelle (n)	*drug advice centre*
drogengefährdet	*at risk from drugs*
der Drogenhandel	*drug trafficking*
der Drogenkonsum	*drug taking*

das Rauchen gefährdet die Gesundheit	*smoking damages your health*
zehn Zigaretten pro Tag rauchen	*to smoke ten cigarettes a day*
nach Rauch stinken	*to smell of smoke*
starker Raucher sein	*to be a heavy smoker*
die Stube ist vollgequalmt/verraucht	*the room is full of smoke*
sich das Rauchen abgewöhnen	*to give up smoking*
Alleskleber schnüffeln	*to glue sniff*
den Frust mit . . . betäuben	*to numb frustrations with . . .*
die Persönlichkeit verändern	*to change your personality*

der/die Drogenkonsument/in (en/nen) *drug taker*

der Drogenmißbrauch *drug abuse*

der Drogenrausch (⸚ e) *high (on drugs)*

der Entzug *withdrawal from drugs*

der Fixer (-) *junkie*

das Gras *pot*

die Halluzination (en) *hallucination*

das Haschisch *hashish*

das Heroin *heroin*

die Heroinsucht *heroin addiction*

die Infektionsgefahr (en) *risk of infection*

intravenös *intravenous*

das Kokain *cocaine*

die Legalisierung *legalisation*

das Rauschgift (e) *drug*

der/die Rauschgifthändler/in (-/nen) *drug dealer*

schlucken *to swallow*

der/die Schnüffler/in (-/nen) *sniffer*

schnupfen *to snort*

der Schuß (-üsse) *shot*

die Spritze (n) *syringe*

spritzen *to inject*

die Sucht (⸚ e) *addiction*

süchtig *addicted*

die Überdosierung (en) *overdose*

die Wirkung (en) *effect*

ALKOHOL

alkoholfrei *non-alcoholic*

der/die Alkoholabhängige (n) *alcoholic*

der/die Alkoholiker/in (-/nen) *alcoholic*

die Alkoholvergiftung *alcohol poisoning*

alkoholsüchtig *addicted to alcohol*

besoffen (*inf*) *stoned, smashed*

betrunken *drunk*

der Kater (-) (*inf*) *hangover*

Schadstoffe, die in den Körper geraten	*harmful substances which get into the body*
Hemmungen verlieren	*to blow away inhibitions*
im Haschischrausch	*under the effect of hashish*
das Einnehmen von Drogen	*drug taking*
high sein	*to be high*
clean bleiben	*to stay clean*
einen Joint reinziehen	*to smoke a joint*
wieder Stoff brauchen (*inf*)	*to need more dope*
an der Nadel hängen (*inf*)	*to be a druggie*

kippen	*to down*
die Kneipentour (en)	*pub crawl*
nüchtern	*sober*
der Rausch (⸚ e)	*inebriation*
saufen	*to booze*
der/die Säufer/in (-/nen)	*drunkard*
die Schankgesetze (*pl*)	*licensing laws*
die Spirituosen (*pl*)	*spirits*
sich übergeben	*to be sick*

AIDS

die AIDS-Station (en)	*AIDS ward*
der AIDS-Test (s)	*AIDS test*
anstecken	*to infect*
der Ausbruch (⸚ e)	*outbreak*
die Blutbank (en)	*blood bank*
der Bluter (-)	*haemophiliac*
die Bluterkrankheit	*haemophilia*
das Blutplasma	*blood plasma*

das Blutpräparat (e)	*blood preparation*
die Blutprobe (n)	*blood test*
der Blutspender (-)	*blood donor*
die Bluttransfusion (en)	*blood transfusion*
die HIV-Antikörper (*pl*)	*HIV antibodies*
der/die HIV-Betroffene (n)	*HIV sufferer*
die HIV-Infektion (en)	*HIV infection*
HIV-infiziert	*infected with HIV*
HIV-kontaminiert	*HIV contaminated*
HIV-positiv	*HIV positive*
die Immunschwäche (n)	*immune deficiency*
das Kondom (e)	*condom*
die Prävention	*prevention*

ABTREIBUNG

die Behinderung (en)	*disability*

jemanden zum Alkohol treiben	*to drive somebody to drink*
unter Alkoholeinfluß	*under the influence of alcohol*
Alkohol am Steuer vermeiden	*don't drink and drive*
0,8 Promille Alkohol im Blut	*0.8 ml alcohol in blood*
HIV-verseuchte Blutkonserven	*HIV contaminated blood supplies*
sich mit HIV infizieren	*to contract the HIV virus*
den Virus auf den Intimpartner/die Intimpartnerin übertragen	*to pass the virus on to a sexual partner*
geschützter Geschlechtsverkehr	*safe sex*
an AIDS sterben	*to die of AIDS*
am Virus erkranken	*to contract the virus*

die Beratung (en)	counselling
die Beratungspflicht (en)	
	compulsory counselling
der Embryo (s)	embryo
die Frauenklinik (en)	women's clinic
der Schwangerschaftsabbruch (⸚ e)	
	termination of pregnancy
(nicht) strafbar	(not) punishable
das Urteil (e)	verdict, judgement
die Vergewaltigung (en)	rape

ESSEN UND TRINKEN

abgepackt	pre-packed
das Abendbrot	(light) supper
abnehmen	to lose weight
der Appetit	appetite
die Ballaststoffe (pl)	roughage
der/die Diabetiker/in (-/nen)	diabetic

dickmachend	fattening
der Durstlöscher (-)	thirst-quencher
eßbar	edible
der Farbstoff (e)	artificial colouring
das Fertiggericht (e)	ready made meal
der Frühschoppen (-)	brunch
der Geschmack (⸚ e)	taste
das Gericht (e)	dish
gesüßt	sweetened
das Getränk (e)	drink
das Grundnahrungsmittel (-)	
	basic food stuff
das Hauptgericht (e)	main course
der Kaloriengehalt	calorific value
das Kohlehydrat (e)	carbohydrate
die Lebensmittel (pl)	food stuffs
der Leckerbissen (-)	titbit
die Mahlzeit (en)	meal
die Meeresfrucht (⸚ e)	seafood

eine ungewollte Schwangerschaft	unwanted pregnancy
Gründe für den Abbruch	reasons for termination
die qualifizierte Beratung der Schwangeren	qualified counselling of the pregnant woman
der Schutz des ungeborenen Lebens	protection of unborn life
illegale Abtreibung	back-street abortion
Gegner/in der Abtreibung	anti-abortion campaigner
die Indikationslösung (en)	abortion on ethical, eugenic, medical or social grounds
die Fristenregelung (en)	law allowing termination of pregnancy within first three months

die Nachspeise (n) — *dessert*
nahrhaft — *nourishing*
die Nahrung — *food*
der Nährwert (e) — *nutritional value*
die Nascherei (en) — *nibbling*
pflanzliches Fett — *vegetable fat*
das Rezept (e) — *recipe*
die Rohkost — *raw fruit/vegetables*
der Süßstoff (e) — *sweetener*
tierisches Fett — *animal fat*
ultrahocherhitzt — *UHT*
der/die Vegetarier/in (-/nen) *vegetarian*
vegetarisch essen — *to eat vegetarian food*
verkocht — *overcooked*
das Vitamin (e) — *vitamin*
das Vollkornbrot (e) — *wholemeal bread*
die Vorspeise (n) — *starter*
die Zwischenmahlzeit (en) — *snack*
zunehmen — *to put on weight*
der Zusatz (⸚ e) — *additive*
die Zutat (en) — *ingredient*

ALLGEMEINES

die Allergie (n) — *allergy*
ansteckend — *infectious*
die Blutübertragung (en) *blood transfer*
der Blutzuckerspiegel (-)
— *blood-sugar level*
bösartig — *malignant*
die Entzündung (en) — *inflammation*
die Fitness — *physical fitness*
das Gewichtsproblem (e)
— *weight problem*
gutartig — *benign*
heilen — *to cure*
die Heilkunde — *medicine*
der Herzanfall (⸚ e) — *heart attack*
immun gegen — *immune from*
das Immunsystem (e) — *immune system*
die Impfung (en) — *vaccination*
die Krankenversicherung (en)
— *medical insurance*

Fruchtsaft ist reich an . . . — *fruit juice is rich in . . .*
einen geringen Nährwert haben — *to have a low nutritional value*
eine ausgewogene Ernährung — *a balanced diet*
guten Appetit! — *enjoy your meal!*
in Kur gehen — *to go to a spa/health resort*
hohen Blutdruck haben — *to have high blood pressure*
das Cholesterin im Blut erhöhen — *to raise cholesterol levels in your blood*
gute Kondition haben — *to be fit*

der Krebs	*cancer*	röntgen	*to x-ray*
der Kreislauf	*circulation*	die Schönheitschirugie	*plastic surgery*
die Kreislaufschwierigkeiten (*pl*)		der Streß	*stress*
	circulation problems	der Tumor (en)	*tumour*
kurzsichtig	*shortsighted*	der Ultraschall (e)	*scan*
leiden (an)	*to suffer (from)*	die Untersuchung (en)	*examination*
mimosenhaft	*oversensitive*	die Verpflanzung (en)	*transplant*
die Nebenwirkung (en)	*side effect*	weitsichtig	*longsighted*

VOKABELTIP

Zusammengesetzte Wörter (1)

Um ein zusammengesetztes Wort zu bilden, kann man nicht immer einfach zwei Wörter zusammenschreiben. Oft kommen Buchstaben dazwischen.

das Meer + es + die Früchte = die Meeresfrüchte

Wie setzt man diese Wörter zusammen?

a) Mitte + Nacht = die Mitternacht *(midnight)*

b) Tag + Anbruch

c) Geschäft + Leute

d) Geburt + Tag + Karte

Bilden Sie nun Wortketten aus zusammengesetzten Wörtern mit Ihrem Partner/ Ihrer Partnerin. Nehmen Sie folgende Wörter als Ansatzpunkt:

Mitternacht; Großstadt; Kinderspiel; Parkhaus.

Zum Beispiel: Mitternacht – Nachtarbeit – Arbeitstag – Tag . . .

Vergessen Sie nicht, die neuen Wörter ins Vokabelheft zu schreiben!

KULTUR

GEISTIGE UND KÜNSTLERISCHE AUSDRUCKSFORMEN VON MENSCHEN

LITERATUR

der Absatz (⁔ e) — *paragraph*

die Anschauung (en) — *view*

der/die Antiheld/in (en/nen) — *antihero/ine*

ausführlich — *detailed*

die Ausgabe (n) — *edition*

der Auszug (⁔ e) — *excerpt*

die Autobiographie (n) — *autobiography*

der/die Autor/in (en/nen) — *author*

der Band (⁔ e) — *volume*

die Belletristik — *fiction and poetry*

der Bestseller (-) — *best-seller*

betonen — *to stress*

der Charakter (e) — *character*

darstellen — *to portray*

der Dialog (e) — *dialogue*

der/die Dichter/in (-/nen) — *poet*

das Drama (-men) — *drama*

die Einleitung (en) — *introduction*

die Epik — *epic*

der/die Erzähler/in (-/nen) — *narrator*

die Erzählung (en) — *narrative*

die Figur (en) — *character*

die Gattung (en) — *genre*

der Gedanke (n) — *thought*

das Gedicht (e) — *poem*

das Gleichnis (se) — *simile*

das Happy-End — *happy ending*

sich hineinversetzen in — *to empathise with*

die Ironie — *irony*

das Kapitel (-) — *chapter*

konkrete Dichtung — *concrete poetry*

der Kriminalroman (e) — *detective story*

der/die Kritiker/in (-/nen) — *critic*

das Leitmotiv (e) — *leitmotif*

das jüngste Werk — *the latest work*

in einem lebendigen Stil geschrieben — *written in a lively style*

Arbeiten aus den 30er bis 60er Jahren — *works from the thirties to the sixties*

der europaweit bekannte Schriftsteller — *the author known throughout Europe*

mit Ironie erzählt — *narrated with irony*

das 1994 erschienene Buch — *the book published in 1994*

in deutscher Sprache — *in German*

der Liebesroman (e)	*romantic novel*
die Lyrik	*poetry*
das Märchen (-)	*fairy tale*
das Meisterwerk (e)	*masterpiece*
die Metapher (n)	*metaphor*
moralisch	*moral*
die Novelle (n)	*novella*
der Roman (e)	*novel*
der/die Philosoph/in (en/nen)	
	philosopher
die Poesie	*poetry*
poetisch	*poetic*
die Prosa	*prose*
die Prosaliteratur	*fiction*
der Realismus	*realism*
die Redensart (en)	*cliché, idiom*
der Reim (e)	*rhyme*
sich reimen	*to rhyme*
das Sachbuch (⸚ er)	*non-fiction*
die Sage (n)	*legend*
satirisch	*satirical*
der/die Schriftsteller/in (-/nen)	
	author, writer
die Sonderausgabe (n)	*special edition*

die Strophe (n)	*verse*
symbolisch	*symbolic*
das Taschenbuch (⸚ er)	*paperback*
die Übersetzung (en)	*translation*
ungekürzt	*unabridged*
vergleichen	*to compare*
der Verlag (e)	*publisher*
veröffentlichen	*to publish*
das Vorwort (e)	*preface*
die Zeile (n)	*line*
zeitgenössisch	*contemporary*
das Zitat (e)	*quote*
zitieren	*to quote*

THEATER

abbilden	*to portray*
der erste Akt	*first act*
aufführen	*to put on*
die Aufführung (en)	*performance*
die (Auf)lösung (en)	*denouement*
auftreten	*to appear*
der Auftritt (e)	*appearance*
ausdrücken	*to express*

das Stück handelt von . . .	*the play is about . . .*
es spielt im 16. Jahrhundert	*it takes place in the 16th century*
die Zentralfigur dieser Erzählung	*the central character of this story*
die Szene spielt in X	*the scene takes place in X*
den Nobelpreis für Literatur erhalten	*to win the Nobel Prize for Literature*

ausverkauft	*sold out*	die Kulissen (*pl*)	*scenery*
der Beifall (¨ e)	*applause*	hinter den Kulissen	*back stage*
die Besetzung (en)	*cast*	das Lampenfieber	*stage fright*
die Bühne (n)	*stage*	leiten	*to direct*
der/die Bühnenarbeiter/in (-/nen)		die Pause (n)	*interval*
	stagehand	die Premiere (n)	*first night*
die Bühnenausstattung	*props*	die Probe (n)	*rehearsal*
das Bühnenbild (er)	*stage set*	das Programmheft (e)	*programme*
die Darstellung (en)	*acting*	der/die Protagonist/in (en/nen)	
das Drama (-men)	*drama*		*protagonist*
der/die Dramatiker/in (-/nen)	*dramatist*	das Publikum	*audience*
dramaturgisch	*dramatic*	der/die Schauspieler/in (-/nen)	*actor*
die Generalprobe (n)	*dress rehearsal*	das Schicksal (e)	*fate*
die Gestalt (en)	*figure*	das Stück (e)	*play*
die Handlung (en)	*plot*	die Spielleitung (en)	*direction*
ein volles Haus	*full house*	die Stimmung (en)	*atmosphere*
die Hauptfigur (en)	*principal character*	das Szenenwechsel (-)	*scene change*
das Hauptthema (-men)	*main theme*	das Thema (-men)	*theme*
der Höhepunkt (e)	*highlight*	die Tragödie (n)	*tragedy*
inszenieren	*to produce*	die Uraufführung (en)	*premiere*
die Inszenierung (en)	*production*	vermitteln	*to convey*
das Kabarett (e)	*cabaret*	die Vorschau (en)	*preview*
die Komödie (n)	*comedy*	die Vorstellung (en)	*performance*

auf der Bühne sein	*to be on stage*
sie hat die Isolde dargestellt	*she played the part of Isolde*
X wird immer auf die Bühne gebracht	*X is always being staged*
auf Tournee gehen	*to go on tour*
es wurde mit einem Preis ausgezeichnet	*it won a prize*
eine erfolgreiche Produktion	*a successful production*

FILM

die Aufnahme (n)	*shot*
die Co-Produktion (en)	*co-production*
das Drehbuch (± er)	*script*
drehen	*to shoot*
der Drehort (e)	*location*
der/die Filmemacher/in (-/nen)	*film-maker*
die Filmmusik (en)	*film music*
der Filmstar (s)	*film star*
die Folge (n)	*sequel*
die Freigabe (n)	*certificate*
die Hauptrolle (n)	*leading role*
der/die Held/in (en/nen)	*hero/ine*
herausbringen	*to release*
das Kino (s)	*cinema*
der/die Kinogänger/in (-/nen)	*cinemagoer*
der Kinorenner (-)	*box office hit*
laufen	*to run*

die Leinwand (± e)	*screen*
die Nahaufnahme (n)	*close-up*
die Nebenrolle (n)	*supporting role*
präsentieren	*to present*
der/die Produzent/in (en/nen)	*producer*
die Regie	*direction*
Regie führen	*to direct*
der/die Regisseur/in (e/nen)	*director*
die Rolle (n)	*role*
eine Rolle spielen	*to play a role*
der Schwarzweißfilm (e)	*black and white film*
der Stummfilm (e)	*silent film*
der Szenenaufbau (ten)	*set*
synchronisieren	*to dub*
die Toneffekte (*pl*)	*sound effects*
die Tricks (*pl*)	*special effects*
die Verfilmung (en)	*filming*
die Vorschau (en)	*trailer*
der Vor-/Nachspann	*credits*
in Zeitlupe	*in slow motion*

er hat in diesem Film mitgespielt	*he was in this film*
der Film hat deutsche Untertitel	*the film has German subtitles*
der Film läuft in aller Welt	*the film is showing all over the world*
ein Film in vier Fortsetzungen	*a film in four parts*
bei Außenaufnahmen sein	*to be on location*
sich einen Film ansehen	*to watch a film*
nach dem gleichnamigen Roman X	*based on the novel X of the same name*
von Oscar-Preisträger/in X	*by the Oscar winning X*
demnächst in diesem Kino	*coming soon to this cinema*

39

TANZ

arrangieren	*to arrange*
die Ballerina (-nen)	*ballerina*
das Ballett (e)	*ballet*
die Bewegung (en)	*movement*
der/die Choreograph/in (en/nen)	
	choreographer
die Choreographie	*choreography*
darbieten	*to perform*
das Engagement (s)	*engagement*
der Jazztanz (⸚ e)	*jazz dance*
steppen	*to tap dance*
der/die Tänzer/in (-/nen)	*dancer*
tänzerische Darbietung	*dance act*
die Truppe (n)	*company*

KUNST

abstrakt	*abstract*
das Aquarell (e)	*watercolour*
der Aspekt (e)	*aspect*
das Atelier (s)	*studio*
ausdrucksfähig	*expressive*

die Ausstellung (en)	*exhibition*
die bildenden Künste	*fine arts*
der/die Bildhauer/in (-/nen)	*sculptor*
das Design (s)	*design*
die Fotografie	*photography*
die Galerie (n)	*gallery*
der Gegenstand (⸚ e)	*object*
die Graphik	*graphic arts*
der Hintergrund (⸚ e)	*background*
der Kunstdruck (e)	*art print*
der/die Künstler/in (-/nen)	*artist*
das Kunstwerk (e)	*work of art*
die Landschaft (en)	*landscape*
die Nachahmung (en)	*imitation*
das Oeuvre	*oeuvre*
das Ölgemälde (-)	*oil painting*
das Originalgemälde (-)	
	original painting
der Pinsel (-)	*brush*
die Plastik (en)	*sculpture*
das Porträt (s)	*portrait*
die Radierung (en)	*etching*
die Retrospektive (n)	*retrospective*

Ballettstunden nehmen	*to take ballet lessons*
eine Ausbildung in zeitgenössischem Tanz	*training in contemporary dance*
moderner Tanz/moderne Kunst	*modern dance/art*
ein vielversprechendes Talent	*a promising talent*
es drückt etwas sehr Wichtiges aus	*it expresses something very important*
mit Ölfarben malen	*to paint in oil colours*

die Sammlung (en)	collection
verewigen	to immortalise
der Vordergrund (⸚ e)	forefront
die Zeichnung (en)	drawing

MUSIK

der Auftakt	upbeat
die Blechbläser (*pl*)	brass instruments
die CD (s)	CD
der CD-Player (-)	CD player
der Chor (⸚ e)	choir
der/die Dirigent/in (en/nen)	conductor
die E-Gitarre (n)	electric guitar
einstudieren	to rehearse
der Gesang (⸚ e)	singing
die Harmonie (n)	harmony
die Hitparade (n)	charts
die Holzbläser (*pl*)	woodwind
improvisieren	to improvise
das Instrument (e)	instrument
instrumental	instrumental

der Klang (⸚ e)	sound
komponiert von	composed by
der/die Komponist/in (en/nen)	composer
die Komposition (en)	composition
der Konzertsaal (-säle)	concert hall
der Lautsprecher (-)	loudspeaker
der/die Leadsänger/in (-/nen)	lead singer
das Lied (er)	song
die Melodie (n)	melody
melodisch	melodic
das Mischpult (e)	sound mixer
der/die Musiker/in (-/nen)	musician
die Musikszene (n)	music scene
das Musikstück (e)	piece of music
die Noten (*pl*)	(sheets of) music
die Oper (n)	opera
das Orchester (-)	orchestra
die Ovation (en)	ovation
der Popstar (s)	pop star

X ist diese Woche in der Hitparade	X is in the charts this week
X ist auf Nummer eins	X is number one
ein neues Album herausbringen	to release a new album
regelmäßig üben	to practise regularly
vom Blatt spielen/Noten lesen	to sightread/to read music
klassische/zeitgenössische Musik	classical/contemporary music
in vier Sätzen	in four movements
absolutes Gehör/nach Gehör spielen	perfect pitch/to play by ear

die Probe (n)	*rehearsal*	belanglos	*trivial*
der Rhythmus (-men)	*rhythm*	charmant	*charming*
die Rockband (s)	*rock band*	durchschnittlich	*average*
der/die Sänger/in (-/nen)	*singer*	ehrgeizig	*ambitious*
der Schlager (-)	*pop hit*	eindrucksvoll	*impressive*
das Schlagzeug	*percussion*	einmalig	*unique*
die Single (s)	*single*	enttäuschend	*disappointing*
der/die Solist/in (en/nen)	*soloist*	experimentell	*experimental*
die Streicher (*pl*)	*stringed instruments*	erfolgreich	*successful*
die Symphonie (n)	*symphony*	ergreifend	*moving*
der Virtuose (n)	*virtuoso (m)*	ernsthaft	*serious*
die Virtuosin (nen)	*virtuoso (f)*	fesselnd	*engrossing*
die Volksmusik	*folk music*	genießbar	*enjoyable*
der Vortrag (⁓ e)	*recital*	gewagt	*risqué*
		glanzvoll	*brilliant*

KRITIK ÜBEN

		großartig	*splendid*
aktionsreich	*action-packed*	handlungsarm	*thin on plot*
amüsant	*amusing*	hervorragend	*magnificent*
atemberaubend	*breathtaking*	historisch	*historic*
ausdrucksintensiv	*expressive*	innovativ	*innovative*
ausdruckslos	*inexpressive*	katastrophal	*disastrous*
beachtlich	*remarkable*	kompliziert	*complicated*
beklemmend	*oppressive*	kurzweilig	*entertaining*

X riß den Abend heraus	*X saved the evening*
gute Kritiken bekommen	*to get good reviews*
X gab eine einmalige Vorstellung	*X gave a once in a lifetime performance*
das Schauspiel hat mich mitgerissen	*I was carried along by the play*
ein heiterer/langweiliger Abend	*a merry/boring evening*
nullachtfünfzehn (*inf*)	*run-of-the-mill*

lobenswert	*praiseworthy*	subjektiv	*subjective*
mittelmäßig	*mediocre*	überzeugend	*convincing*
neuartig	*new*	ungewöhnlich	*unusual*
packend	*exciting*	unterhaltsam	*entertaining*
rührselig	*tear-jerking*	vielversprechend	*promising*
sachlich	*objective*	virtuos	*virtuoso*
schonungslos	*savage*	wirkungsvoll	*effective*
sentimental	*sentimental*	zeitlos	*timeless*
stimmungsvoll	*atmospheric*	zutreffend	*accurate*

VOKABELTIP

Wortspiele (1)

Wenn Sie eine neue Gruppe von Wörtern lernen (zum Beispiel Wörter zum Thema Literatur), können Sie selber damit Wortspiele erfinden.

a) Anagramme – stellen Sie die Buchstaben in die falsche Ordnung. Sehen Sie sich die Wörter am nächsten Tag wieder an. Wie viele kennen Sie noch?

U S L M E R A I S

b) Kreuzworträtsel – stellen Sie Fragen und machen Sie ein Kreuzworträtsel. Kann Ihr/e Partner/in das Rätsel lösen?

N	O	V	E	L	L	E	■	(ein kurzer Roman)

c) Wortsalat – machen Sie einen Wortsalat aus den Wörtern. Kann Ihr/e Partner/in die Wörter finden?

B	O	A	U	T	O	R	I	N	B	V
E	O	V	E	L	L	V	A	G	A	E
L	S	S	S	L	B	U	C	H	T	R
L	O	Q	A	L	L	A	U	R	E	L

MEDIEN

FERNSEHEN

die Ankündigung (en)	announcement
der/die Ansager/in (-/nen)	announcer
aufnehmen	to record, video
der/die Auslandskorrespondent/in (en/nen)	foreign correspondent
ausstrahlen	to broadcast
die Bildqualität (en)	picture quality
dreiteilig	three-part
einschalten	to switch on
die Einschaltquote (n)	viewing figure
der Empfang	reception
empfangen	to receive
farbig	colour
das Feature (s)	feature
fernsehen	to watch television
der Fernsehsender (-)	television channel
die Folge (n)	episode

das Frühstücksfernsehen	breakfast television
der Glotzkasten (⸚) (inf)	goggle-box
das Kabelfernsehen	cable television
der/die Kabelteilnehmer/in (-/nen)	cable viewer
das Kamerateam (s)	camera crew
der Kanal (⸚ e)	channel
das Kanalhüpfen	channel-hopping
die Kurzmeldung (en)	newsflash
die Haupteinschaltzeit (en)	peak viewing time
die Lizenzgebühr (en)	licence fee
lokal	local
die Live-Übertragung (en)	live broadcast
die Magazinsendung (en)	current affairs programme
die Nachrichten (pl)	news

das ZDF strahlt den 45-minütigen Film X aus	ZDF broadcasts the 45-minute film X
mit Untertiteln für Hörgeschädigte	with subtitles for the hard of hearing
regelmäßige Sendungen	regular programmes
direkt ins Wohnzimmer gebracht	beamed straight into the living-room
die Ziehung der Lottozahlen	drawing of the lotto numbers
vor der Glotze hocken (inf)	to sit in front of the box

der/die Nachrichtensprecher/in (-/nen) *newscaster*

der Programmhinweis (e) *programme tip*

das Reisemagazin (e) *travel programme*

per Satellit *via satellite*

das Satellitenfernsehen *satellite television*

die Satellitenschüssel (n) *satellite dish*

die Satellitentechnologie *satellite technology*

das Schulfernsehen *school television*

schwarzweiß *black and white*

die Sendezeit (en) *broadcast time*

die Serie (n) *series*

die Störung (en) *disturbance*

das Streiflicht (er) *highlight*

der Teletext *teletext*

übertragen *to transmit*

die Unterbrechung (en) *interruption*

der/die Veranstalter/in (-/nen) *promoter*

die Vernetzung (en) *network*

der Videomarkt (⁓ e) *video market*

die Wiederholung (en) *repeat*

die Zielgruppe (n) *target audience*

HÖRFUNK

der Discjockey (s) *disc jockey*

die Frequenz (en) *frequence*

die Funkstation (en) *radio station*

der/die Hörer/in (-/nen) *listener*

die Hörfunksendung (en) *radio show*

das Hörspiel (e) *radio play*

der/die Interviewer/in (-/nen) *interviewer*

der/die Moderator/in (en/nen) *presenter*

der Musiksender (-) *music station*

das Radio (s) *radio*

der Radiosender (-) *radio station*

der/die Rundfunksprecher/in (-/nen) *broadcaster*

stereo *stereo*

die Tonqualität (en) *sound quality*

die Verkehrsmeldung (en) *traffic report*

das Wellenband (⁓ er) *waveband*

die Wellenlänge (n) *wavelength*

auf ein anderes Programm umschalten *to switch over to another channel*

am Mikrofon: Matthias Holtmann *the presenter is Matthias Holtmann*

Radio Bremen einschalten *to tune into Radio Bremen*

regionales Programm *regional programme*

live im Studio *live from the studio*

45

PRESSE

das Abonnement (s)	*subscription*
der/die Abonnent/in (en/nen)	
	subscriber
das Archiv (e)	*archives*
der Artikel (-)	*article*
die Auflage (n)	*print run*
die Beilage (n)	*supplement*
der Beitrag (⁓ e)	*contribution*
der Bericht (e)	*report*
die Boulevardpresse	*gutter press*
die Dokumentation (en)	*documentation*
drucken	*to print*
die Fachzeitschrift (en)	*trade magazine*
das Feuilleton (s)	*feature pages*
illustriert	*illustrated*
die Illustrierte (n)	*magazine*
der Herausgeber (-)	*publisher*
der Hintergrundbericht (e)	
	background report
der Journalismus	*journalism*

die Klatschspalte (n)	*gossip column*
der Kommentar (e)	*commentary*
der/die Korrespondent/in (en/nen)	
	correspondent
das Layout (s)	*layout*
der Leitartikel (-)	*editorial*
der Leserbrief (e)	*reader's letter*
der Leserkreis (e)	*readership*
die Meldung (en)	*announcement*
monatlich	*monthly*
die Nachricht (en)	*news item*
die Pressefreiheit	*freedom of the press*
die Presseinformation (en)	
	press release
die Pressekonferenz (en)	
	press conference
die Recherche (n)	*investigation*
der/die Redakteur/in (e/nen)	*editor*
die Redaktion (en)	*editorial office*
die Reportage (n)	*report*
der/die Reporter/in (-/nen)	*reporter*
die Schlagzeile (n)	*headline*

eine angesehene Zeitung	*a quality newspaper*
eine Zeitung abonnieren	*to subscribe to a newspaper*
Schlagzeilen machen	*to make the headlines*
die Regenbogenpresse	*gutter press*
wöchentliche/tägliche Erscheinungsweise	*appearing weekly/daily*
objektive Berichterstattung	*objective reporting*
die öffentliche Aufgabe der Presse	*the public duty of the press*
harter/weicher Porno	*hard/soft porn*

die Spalte (n)	*column*
der Sportteil (e)	*sports section*
die Tageszeitung (en)	*daily paper*
das Urheberrecht (e)	*copyright*
verleumderisch	*libellous*
die Verleumdung (en)	*libel*
die Wochenzeitung (en)	*weekly paper*
der Zeitungsausschnitt (e)	*clipping*

WERBUNG

das Anzeigenblatt (⸚ er)	*advertiser (paper)*
die Kleinanzeige (n)	*classified advert*
das Plakat (e)	*poster*
die Reklame (n)	*advert*
die Reklametafel (n)	*billboard*
die Schleichwerbung (en)	*plug*
der Slogan (s)	*slogan*
überreden	*to persuade*
überzeugen	*to convince*
der/die Verbraucher/in (-/nen)	*consumer*

die Verkaufskampagne (n)	*sales campaign*
die Werbeagentur (en)	*advertising agency*
der Werbespot (s)	*commercial break*
der Werbespruch (⸚ e)	*jingle*

ALLGEMEINES

aufhetzen	*to incite*
sich äußern	*to express oneself*
beeinflussen	*to influence*
bekanntgeben	*to announce*
das Bewußtsein	*awareness*
einseitig	*one-sided*
die Einstellung (en)	*attitude*
geschrieben	*written*
gesprochen	*spoken*
die Informationsfreiheit (en)	*freedom of information*
die Informationsvielfalt	*diversity of information*
informieren	*to inform*

das beeinflußt das Leben von Millionen Menschen	*it influences the lives of millions*
jemandem einreden, daß . . .	*to brainwash someone into thinking that . . .*
einen Einfluß ausüben	*to have an effect*
die Welt der Jugendlichen ist von . . . geprägt	*young people's lives are influenced by . . .*
X ist von der Werbung abhängig	*X is dependent on advertising*

jugendgefährdend		die Propaganda	*propaganda*
	harmful to young people	die Übertragung (en)	*transmission*
die Massenkommunikationen (*pl*)		das Unterbewußtsein	*sub-consciousness*
	mass communications	verbreiten	*to disseminate*
die Massenmedien (*pl*)	*mass media*	die Verbreitung (en)	*dissemination*
das Medienangebot (e)	*choice of media*	die Verständigung (en)	*understanding*
die Multimedien (*pl*)	*multi media*	vermitteln	*to convey*
die Pornographie	*pornography*	wirksam	*effective*
pornographisch	*pornographic*	die Zensur (en)	*censorship*

VOKABELTIP

Definitionen

Wenn Sie neue Wörter lernen, brauchen Sie nicht immer eine englische Bedeutung dafür. Manchmal hilft es Ihnen mehr, wenn Sie eine Definition davon machen oder andere deutsche Wörter dafür finden.

die Korrespondentin – eine Frau, die für die Medien berichtet

Schreiben Sie für die folgenden Wörter deutsche Definitionen auf.

die Pressekonferenz
übertragen
die Kurzmeldung
die Zielgruppe
die Funkstation
die Informationsvielfalt
vermitteln
die Boulevardpresse

Wenn Sie jetzt neue Wörter lernen, denken Sie sich eine Definition aus.

MENSCHEN

PARTNERSCHAFT

das Adoptivkind (er)	adopted child
die Auseinandersetzung (en)	argument
die Beziehung (en)	relationship
der Bigamist (en)	bigamist
bisexuell	bisexual
die Ehe (n)	marriage
der Ehebruch (= e)	adultery
das Ehemündigkeitsalter	age of consent
die Ehrlichkeit	honesty
die Familienplanung	family planning
das Gefühl (e)	feeling
der/die Geliebte (n)	lover
der Geschlechtsverkehr	sexual intercourse
die Hausarbeit (en)	housework
die Hausfrau (en)	housewife
der Hausmann (= er)	house husband
heiraten	to get married
heterosexuell	heterosexual
homosexuell	homosexual
die Kindererziehung	upbringing of children
das Kindergeld	child benefit
der Konflikt (e)	conflict
der/die Lebensgefährte/gefährtin (n/nen)	common-law husband/wife
lesbisch	lesbian
die Liebe	love
die Menschlichkeit	humanity
der Nachwuchs	offspring
die Offenheit	openness
der/die Partner/in (-/nen)	partner
das Partnervermittlungsbüro (s)	dating agency

alleinerziehende/r Mutter/Vater	single parent
die Unschuld verlieren	to lose your virginity
Partnervermittlung per Computer	computer-dating
Unterstützung vom Partner	support from the partner
Kinder großziehen	to raise a family
das Verhältnis zwischen Vater und Kind	relationship between father and child
den Partner/die Partnerin verlassen	to leave your partner
Verhütungsmittel benutzen	to use contraceptives

das Pflegekind (er)	*foster child*
der Respekt	*respect*
die Scheidung (en)	*divorce*
die Schwiegereltern (*pl*)	*parents-in-law*
die Schwangerschaftsverhütung	
	contraception
sexistisch	*sexist*
die Spermabank (en)	*sperm bank*
die Stiefmutter (⸚)	*stepmother*
der Stiefvater (⸚)	*stepfather*
die Toleranz	*tolerance*
die Trennung (en)	*separation*
die Treue	*fidelity*
verlassen	*to abandon*
verlobt	*engaged*
sich verlieben	*to fall in love*
das Verständnis	*understanding*
das Vorbild (er)	*role model*

die Zuneigung (en)	*affection*
zusammenleben	*to live together*
zusammenziehen	*to move in together*

FRAUEN

berufsorientiert	*career orientated*
die Berufsrückkehr	*return to a career*
die Eigenständigkeit	*independence*
der Eisprung (⸚ e)	*ovulation*
emanzipiert	*liberated*
erfolgreich	*successful*
die Fehlgeburt (e)	*miscarriage*
der Feminismus	*feminism*
die Feministin (nen)	*feminist*
die Frauenbewegung (en)	
	feminist movement
die Frauenemanzipation	
	emancipation of women

sich scheiden lassen	*to get divorced*
Ehebruch begehen	*to commit adultery*
fremd gehen	*to have an affair*
das Besuchsrecht für die Kinder	*right of access to your children*
eine unfähige Mutter	*an unfit mother*
künstliche Befruchtung	*artificial insemination*
im gebärfähigen Alter	*of childbearing age*
die Pille nehmen	*to be on the pill*
der Aufstieg der Frauen in die Chefetagen	*promotion of women to high-powered positions*
sexuelle Belästigung (en)	*sexual harassment*

die Frauengruppe (n)	*women's group*	
das Frauenhaus (- er)		
	refuge for battered women	
die Frauenmißhandlung (en)		
	wife battering	
die Frauenrechte (*pl*)	*women's rights*	
die Gleichberechtigung (en)	*equality*	
die Kinderbetreuung (en)	*childcare*	
die Kinderkrippe (n)	*creche*	
die Mütterlichkeit	*motherliness*	
die Mutterschaft	*motherhood*	
die Periode (n)	*period*	
die Rabenmutter (-)	*bad mother*	
das Retortenbaby (s)	*test-tube baby*	
die Schwangerschaft (en)	*pregnancy*	
die Schwangerschaftsvertretung (en)		
	maternity cover	
die Selbstbestätigung	*self-affirmation*	
sich verwirklichen	*to fulfil oneself*	
die Wechseljahre (*pl*)	*menopause*	
die Weiblichkeit	*femininity*	

ALTER

der/die Altenpfleger/in (-/nen)	
	old people's nurse
die Altentagesstätte (n)	
	old people's day centre
die Altersbeschwerden (*pl*)	
	complaints of old age
das Altersheim (e)	*old people's home*
die Altersrente (n)	*old age pension*
das Altersruhegeld (er)	
	retirement benefit
die Altersschwäche (n)	*infirmity*
die Altersversorgung (en)	
	provision for old age
der/die Angehörige (n)	*relative*
das Hospiz (e)	*hospice*
die Lebensversicherung (en)	
	life insurance
die Menschenwürde	*human dignity*
pensioniert	*retired*

die Pflege von alten Menschen	*care of the elderly*
das Ausscheiden aus dem Arbeitsleben	*retirement (stopping work)*
sich an den Ruhestand gewöhnen	*to adjust to retirement*
ans Haus gefesselt sein	*to be house-bound*
im Rollstuhl sitzen	*to be in a wheelchair*
zur Gesellschaft etwas beitragen	*to contribute to society*
Wohnungen für Senioren	*sheltered housing*
Essen auf Rädern	*meals on wheels*

die Pensionierung (en)	*retirement*
pflegebedürftig	*in need of care*
der Pflegefall (– e)	
	a person who requires nursing
das Pflegeheim (e)	*nursing home*
das Pflegepersonal	*nursing staff*
der/die Rentner/in (-/nen)	
	senior citizen, old age pensioner
der Ruhestand	*retirement*
rüstig	*sprightly*
schwerhörig	*hard of hearing*
senil	*senile*
der/die Verwandte (n)	*relative*
die Verwandtschaft	*relations*
der Vorruhestand	*early retirement*
zerbrechlich	*fragile*

BERÜHMTE LEUTE

der/die Bahnbrecher/in (-/nen)	*pioneer*
bedeutend	*significant*
beliebt	*popular*
bemerkenswert	*remarkable*

berüchtigt	*notorious*
das Denkmal (– er)	*memorial*
der Ehrgeiz	*ambition*
der Einfluß (-flüsse)	*influence*
einfühlsam	*perceptive*
entschlossen	*determined*
der Experte (n)	*expert (m)*
die Expertin (nen)	*expert (f)*
extravagant	*flamboyant*
führend	*leading*
geehrt	*honoured*
die Genialität	*ingenuity*
das Genie (s)	*genius*
gewissenhaft	*scrupulous*
hartnäckig	*tenacious*
der/die Held/in (en/nen)	*hero/ine*
historisch	*historic*
der/die Idealist/in (en/nen)	*idealist*
das Idol (e)	*idol*
sich identifizieren (mit)	
	to identify (with)
innovativ	*innovative*
inspirieren	*to inspire*

zu Lebzeiten . . .	*during the lifetime of . . .*
zur Legende werden	*to become a legend*
im Rampenlicht stehen	*to be in the limelight*
Pionierarbeit für . . . leisten	*to do pioneering work on . . .*
mit Leib und Seele bei . . . sein	*to be totally dedicated to . . .*
bekannt auf dem Gebiet . . .	*to be famous in the . . . field*
sie war ein großer Geist	*she had a great mind*

kenntnisreich	*knowledgeable*	privilegiert	*privileged*
königlich	*royal*	profund	*profound*
der Magnat (en)	*tycoon*	der Ruhm	*glory*
meisterhaft	*masterful*	talentiert	*talented*
der/die Millionär/in (-/nen)	*millionaire*	unverschämt	*outrageous*
die Monarchie (n)	*monarchy*	vernünftig	*sensible*
optimieren	*to optimise*	der/die Vorläufer/in (-/nen)	*forerunner*
die Persönlichkeit (en)	*personality*	wahnsinnig	*maniacal*
phantasiereich	*imaginative*	zwanghaft	*obsessive*

VOKABELTIP

Wortfamilien

Wenn Sie ein neues Wort lernen, lernen Sie gleichzeitig die Familienmitglieder kennen!

Oben sehen Sie zum Beispiel das Wort *kenntnisreich – knowledgeable*.

Wie heißen folgende Familienmitglieder auf englisch?

a) die Kenntnis b) kennenlernen c) der Kenner d) kennerisch

Vergessen Sie auch den weiteren Familienkreis nicht!
Wie heißen folgende Wörter auf englisch?

e) das Kennwort f) das Kennzeichen g) die Kennziffer

Wählen Sie vier Wörter, die Sie neulich gelernt haben. Schlagen Sie sie jetzt im Wörterbuch nach. Schreiben Sie so viele Familienmitglieder wie möglich auf.

SCHULE

SCHULTYPEN

die Abendschule (n)	*night school*
der Kindergarten (±)	*kindergarten*
die Berufsschule (n)	*vocational school*
die Gesamtschule (n)	
	comprehensive school
die Grundschule (n)	*primary school*
das Gymnasium (-ien)	*grammar school*
die Hauptschule (n)	
	secondary school (years 5–9)
das Internat (e)	*boarding school*
die Privatschule (n)	*private school*
die Realschule (n)	
	secondary school (years 5–10)
die Sonderschule (n)	
	special needs school
staatliche Schule (n)	*state school*

SCHULPRÜFUNGEN

das Abitur	*exam taken on leaving*
	grammar school (A level equivalent)
bestehen	*to pass*
beurteilen	*to assess*
durchfallen	*to fail*
die Klassenarbeit (en)	*(written) test*
die Klausur (en)	*exam, paper*
lernen	*to revise*
der Leistungsdruck	
	pressure to achieve good grades
mittlere Reife	
	Realschule qualification at end of year 10
mündlich	*oral*
pauken	*to cram*
die Prüfung (en)	*exam*
die Qualifikation (en)	*qualification*

die allgemeine Schulpflicht	*compulsory school attendance*
eine schriftliche Prüfung ablegen	*to take a written exam*
gute/schlechte Noten bekommen	*to get good/bad grades*
sehr gut (1)	*very good*
gut (2)	*good*
befriedigend (3)	*satisfactory*
ausreichend (4)	*fair*
mangelhaft (5)	*poor*
ungenügend (6)	*unsatisfactory*

IN DER SCHULE

der/die Abiturient/in (en/nen)

person taking the Abitur exam

die AG (s) (Arbeitsgemeinschaft)

extra-curricular activity group

das Bildungssystem (e)

education system

der Elternabend (e)   *parents' evening*

der Elternbeirat (⸚ e)   *parent committee*

der/die Elternvertreter/in (-/nen)

parent representative

der/die Fremdsprachenassistent/in

(en/nen)   *foreign language assistant*

der Hausmeister (-)   *caretaker*

der/die Lehrer/in (-/nen)   *teacher*

das Lehrerkollegium

(body of) teachers, staff

die Lehrerversammlung (en)

staff meeting

der Lehrplan (⸚ e)   *syllabus*

der Personalrat (⸚ e)   *staff committee*

die Projekttage (*pl*)   *project days*

der/die Referendar/in (e/nen)

student teacher

der Schulbeirat (⸚ e)   *school governor*

der/die Schuldirektor/in (en/nen)

headteacher

die Schulferien (*pl*)   *school holidays*

das Schuljahr (e)   *school year*

die Schulordnung (en)   *school rules*

der/die Schulsprecher/in (-/nen)

head boy/girl

der/die Sekretär/in (e/nen)   *secretary*

der/die Sonderschullehrer/in (-/nen)

special needs teacher

der Stundenplan (⸚ e)   *timetable*

der/die Streber/in (-/nen)   *swot*

der/die Vertrauenslehrer/in (-/nen)

liaison teacher (between pupils and staff)

die Vertretung (en)   *supply teacher*

das Zeugnis (se)   *report*

GEBÄUDE

der Aufenthaltsraum (⸚ e)

common room

in der Schülermitverwaltung (SMV)   *on the student committee*

Klassensprecher/in der Klasse 10 V sein   *to be the class representative of class 10V*

ein Semester als Austauschschüler/in verbringen   *to spend half a year as an exchange student*

sich mit dem/der Austauschpartner/in gut/schlecht verstehen   *to get on well/badly with your exchange partner*

die Aula	*(assembly) hall*
der Computerraum (⸚ e)	*computer room*
das Klassenzimmer (-)	*classroom*
der Kunstsaal (-säle)	*art room*
das Labor (s)	*laboratory*
das Lehrerzimmer (-)	*staff room*
der Musiksaal (-säle)	*music room*
der Schulhof (⸚ e)	*playground*
die Sporthalle (n)	*sports hall*
der Videoraum (⸚ e)	*video room*

SCHULFAHRT

der Austausch (e)	*exchange*
die Fremdsprache (n)	*foreign language*
das Heimweh	*home sickness*
das Landschulheim (e)	
house used by school classes for trips	
der Lehrerausflug (⸚ e)	
teachers excursion	
die Partnerschule (n)	*partner school*
die Partnerstadt (⸚ e)	*twin town*

der Schüleraustausch (e)	
	school exchange
der Sprachkurs (e)	*language course*
die Sprachschule (n)	*language school*
der Wandertag (e)	*school walk*

PROBLEME

abschreiben	*to copy, cheat*
mogeln	*to cheat*
die Nachhilfe	*extra coaching*
das Nachsitzen	*detention*
petzen	*to tell tales*
die Prügel (*pl*)	*beating*
die Prügelei (en)	*fight*
der Randalierer (-)	*troublemaker*
der Rowdy (s)	*bully*
die Schikane (n)	*bullying*
schwänzen	*to skive, play truant*
sitzenbleiben	*to repeat a year*
zurückschlagen	*to hit back*

nichts gemeinsam haben	*to have nothing in common*
den Horizont erweitern	*to widen your horizons*
fächerübergreifender Unterricht	*cross-curricular lesson*
Samstag ist schulfrei	*there's no school on Saturday*
hitzefrei haben	*to have the day off because of hot weather*
X zeigt auffälliges Verhalten	*X has behavioural problems*
jeder dritte Schüler hat Angst vor Gewalt	*every third pupil is afraid of violence*
Lehrers Liebling	*teacher's pet*

NACH DER SCHULZEIT

der/die Absolvent/in (en/nen) *graduate*

absolvieren *to complete (a course)*

die Akademie (n) *academy*

das Auditorium (-ien) *lecture hall*

der/die Azubi (s) *trainee*

die Berufsakademie (n)
vocationally orientated college

der Doktortitel (-) *doctorate*

der/die Dozent/in (en/nen) *lecturer*

der Fachbereich (e) *field (of study)*

die Fachhochschule (n)
technical college

die Fakultät (en) *faculty*

die Forschung (en) *research*

die Fortbildung *further education*

die Hochschule (n) *college, university*

die Lehre (n) *apprenticeship*

die Lehrerausbildung *teacher training*

der Lehrling (e) *apprentice*

die Lerngruppe (n) *study group*

der/die Lektor/in (en/nen)
foreign language assistant

die Mensa (-sen) *canteen*

der/die Professor/in (en/nen) *professor*

promovieren *to do a PhD*

das Semester (-) *semester*

das Stipendium (-ien) *scholarship*

der/die Student/in (en/nen) *student*

das Studentenwohnheim (e)
hall of residence

die Studiendauer *duration of studies*

die Studienfinanzierung (en)
financing of studies

die Studiengebühren (*pl*) *course fees*

der Studienplatz (⸚ e) *university place*

die Vorlesung (en) *lecture*

die Weiterbildung *further education*

die Zimmervermittlung (en)
accommodation service

eine abgeschlossene Berufsausbildung haben	*to have completed your training*
das Studium abbrechen	*to drop out of your course*
deutsche Studenten machen ihr Examen im Durchschnitt mit 28,5 Jahren	*German students graduate at an average age of 28.5*
berufsorientierter Kurs	*vocational course*
einen Lehrauftrag annehmen	*to take up a lectureship*
das Fach ist mit einem Numerus clausus belegt	*this course has restricted entry*

VOKABELTIP

Materialien anfordern

Wenn Sie sich über ein Thema informieren wollen, können Sie selber Materialien aus Deutschland sammeln. So bekommen Sie (meistens kostenlos) deutsche Prospekte, Broschüren und Flugblätter, die Ihnen beim Studium viel helfen können. Unten steht ein Musterbrief, den Sie benutzen können. Auf den Seiten 94–95 finden Sie eine Adressenliste. Schreiben Sie einen Brief, und fordern Sie selber Materialien an!

[Ihre Adresse]

Pressestelle
[Zieladresse]
[Datum]

Sehr geehrte Damen und Herren,

zur Zeit bin ich Schüler(in) in England und brauche für den Deutschunterricht Materialien zum Thema **Das Deutsche Schulsystem**. Bitte schicken Sie (kostenlose) Broschüren zu diesem Thema sowie eine Liste Ihrer Publikationen, falls vorhanden, an die obengenannte Adresse.

Vielen Dank im voraus für Ihre Mühe.

Mit freundlichen Grüßen

[Unterschrift]

— SOZIALE PROBLEME —

PROBLEME IN DER HEUTIGEN GESELLSCHAFT

ARBEITSLOSIGKEIT

die Abfindung (en) *redundancy payment*

die Abgeschnittenheit *isolation*

das Arbeitsamt (⸚ er) *job centre*

der/die Arbeitsberater/in (-/nen)

careers advisor

die Arbeitsberatung (en) *careers advice*

arbeitslos *unemployed*

das Arbeitslosengeld (er)

unemployment benefit

der Arbeitsmangel *lack of work*

der Arbeitsmarkt (⸚ e) *job market*

die Arbeitsvermittlung (en)

employment exchange/agency

die Aussichtslosigkeit *hopelessness*

die Depression (en) *depression*

die Entlassung (en) *dismissal*

die Frustration (en) *frustration*

kündigen *to resign*

die Kündigung (en) *notice*

die Langeweile *boredom*

die Massenarbeitslosigkeit

mass unemployment

der Personalabbau *staff cutbacks*

rausfliegen (*inf*) *to get the sack*

die Selbstachtung *self-esteem*

das Selbstvertrauen *self-confidence*

der/die Sozialhilfeempfänger/in

(-/nen) *person on social security*

die Umschulung (en) *retraining*

entlassen werden	*to be made redundant*
sich unnütz vorkommen	*to feel useless*
der Antrag auf Arbeitslosengeld	*application for unemployment benefit*
Anspruch auf Arbeitslosengeld haben	*to be entitled to unemployment benefit*
sich arbeitslos melden	*to sign on*
einen Arbeitsplatz suchen/verlieren	*to look for/lose a job*
Arbeitsplätze schaffen/streichen	*to create/cut jobs*
Arbeitsbeschaffungsmaßnahme (ABM)	*job creation scheme*
Teilzeitjobs statt Massenentlassungen	*part-time jobs instead of mass redundancies*
keine Perspektiven haben	*to have no prospects*
auf Sozialhilfe angewiesen sein	*to rely on social security*

OBDACHLOSIGKEIT

die Armut	*poverty*
der Armutskreislauf (¨ e)	*poverty cycle*
der Berber (-)	*tramp*
betteln	*to beg*
das Elend	*misery*
der/die Hausbesetzer/in (-/nen)	
	squatter
die Innenstadt (¨ e)	*inner city*
der/die Obdachlose (n)	*homeless person*
das Obdachlosenheim (e)	
	hostel for the homeless
die Obdachlosensiedlung (en)	
	housing scheme for the homeless

der Pappkarton (s)	*cardboard box*
die Scham	*shame*
schnorren	*to scrounge*
sozial benachteiligt	*socially deprived*
der/die Straßenmusikant/in (en/nen)	
	busker
überleben	*to survive*
unterbringen	*to (re)house*
der/die Vermißte (n)	*missing person*
die Wohlstandsgesellschaft	
	affluent society
das Wohngeld (er)	*housing benefit*
die Wohnungsnot (¨ e)	
	housing shortage
der Wohnungsverlust (e)	*loss of home*

der soziale Abstieg	*social decline*
unter der Armutsgrenze leben	*to live below the poverty line*
am Existenzminimum leben	*to live on the subsistence level*
in beengten Verhältnissen wohnen	*to live in cramped conditions*
erbärmliche Verhältnisse	*squalor*
unhygienische Wohnverhältnisse	*insanitary living conditions*
im Freien schlafen	*to sleep rough*
ohne festen Wohnsitz	*of no fixed abode*
von Ort zu Ort ziehen	*to wander from place to place*
verwahrlostes Aussehen	*neglected appearance*
die Gesellschaft ablehnen	*to reject society*
von zuhause weglaufen	*to run away from home*
zuhause rausgeschmissen werden	*to be thrown out of your home*
das Haus wieder in Besitz nehmen	*to repossess a house*

VERBRECHEN

der/die Angreifer/in (-/nen)	*attacker*
die Autobombe (n)	*car bomb*
der/die Autodieb/in (e/nen)	*car thief*
bedrohen	*to threaten*
der Betrug	*fraud*
bewaffnet	*armed*
der Bombenanschlag (⸚ e)	*bomb attack*
die Brandstiftung (en)	*arson*
der/die Dieb/in (e/nen)	*thief*
der Diebstahl (⸚ e)	*theft*
der Einbruch (⸚ e)	*burglary*
entführen	*to kidnap*
die Erpressung (en)	*blackmail*
erwischen	*to catch*
gravierend	*serious*
illegal	*illegal*
die Jugendkriminalität	*juvenile delinquency*
die Kindesmißhandlung	*child abuse*
die Körperverletzung (en)	*assault*
kriminell	*criminal*

der Ladendiebstahl (⸚ e)	*shop lifting*
die Messerstecherei (en)	*knifing*
der/die Mörder/in (-/nen)	*murderer*
die Notzucht	*indecent assault*
das Opfer (-)	*victim*
der Raubüberfall (⸚ e)	*robbery*
die Razzia (-ien)	*raid*
der Schaufenstereinbruch (⸚ e)	*smash-and-grab raid*
die Straßenkriminalität	*street crime*
der Straßenraub	*mugging*
tätlich	*violent*
der Terrorismus	*terrorism*
der/die Übeltäter/in (-/nen)	*wrongdoer*
überfallen	*to attack*
der Vandalismus	*vandalism*
die Verbrechensrate (n)	*crime rate*
die Verbrechensverhütung	*crime prevention*
die Verbrechenswelle (n)	*crime wave*
die Vergewaltigung (en)	*rape*
zusammenschlagen	*to beat up*

großen Schaden anrichten	*to do a lot of damage*
ein Unfall mit Fahrerflucht	*a hit-and-run accident*
einfacher Diebstahl	*petty theft*
jugendlicher Straftäter	*juvenile delinquent*
eine organisierte Bande	*an organised gang*
eine Straftat begehen	*to commit a crime*
die Bekämpfung der Kriminalität	*the fight against crime*

GERICHT

angeblich	*alleged*
der/die Angeklagte (n)	*defendant*
anklagen	*to accuse*
das Fehlurteil (e)	*miscarriage of justice*
die Freiheitsstrafe (n)	*prison sentence*
die Gegenüberstellung (en)	
	identity parade
die Geldstrafe (n)	*fine*
das Gerichtsverfahren (-)	*trial*
das Indiz (ien)	*piece of evidence*
inhaftieren	*to take into custody*
die Justiz	*judiciary (institution)*
das Kreuzverhör (e)	*cross-examination*
der Meineid	*perjury*
der Rechtsanwalt (÷ e)	
	lawyer, barrister (m)

die Rechtsanwältin (nen)	
	lawyer, barrister (f)
die Rechtsverletzung (en)	
	breach of the law
der/die Richter/in (-/nen)	*judge*
die Schöffen (*pl*)	*jury*
schuldig	*guilty*
der Sozialdienst (e)	*community service*
das Strafgericht (e)	*criminal court*
das Strafverfahren	*criminal proceedings*
die Todesstrafe (n)	*death penalty*
der Verdacht	*suspicion*
verhaften	*to arrest*
verklagen	*to sue*
verteidigen	*to defend*
verurteilen	*to convict*
der Zeuge (n)	*witness (m)*
die Zeugin (nen)	*witness (f)*

einen Eid ablegen	*to take an oath*
strafrechtlich verfolgen	*to prosecute*
vor Gericht erscheinen	*to appear before court*
jemanden verklagen	*to take someone to court*
einen Prozeß gewinnen/verlieren	*to win/lose a case*
der mutmaßliche Täter	*the presumed culprit*
jemanden in Verdacht haben	*to suspect someone*
angeklagt wegen dreifachen Mordes	*charged for three murders*
zu zwei Jahren verurteilt	*sentenced to two years' imprisonment*
unschuldig verurteilt werden	*to be wrongly convicted*
jemandem eine Sache anhängen	*to frame someone*
Berufung einlegen	*to appeal*

GEFÄNGNIS

die Bewährung	*probation*
der/die Einsitzende (n)	*inmate*
einsperren	*to lock up*
der/die Erstinhaftierte (n)	
person imprisoned for the first time	
die Festnahme (n)	*arrest*
das Frauengefängnis (se)	
	women's prison
freilassen	*to release, set free*
der Haftbefehl (e)	*warrant*
der Häftling (e)	*prisoner*

die Haftstrafe (n)	*prison sentence*
die Jugendstrafanstalt (en)	
	young offenders centre
der Knast	*jail*
die Platznot	*lack of space*
die Resozialisierung (en)	*rehabilitation*
der/die Strafgefangene (n)	*detainee*
der Strafvollzug	*penal system*
überfüllt	*overcrowded*
vorbestraft	*previously convicted*
der/die Wärter/in (-/nen)	*warder*
die Wiedereingliederung	*reintegration*
die Zelle (n)	*cell*

VOKABELTIP

Wortspiele (2)

Wenn Sie eine neue Gruppe von Wörtern lernen (zum Beispiel Wörter zum Thema Obdachlosigkeit), können Sie selber damit Wortspiele erfinden.

a) Wortsteine – wählen Sie ein langes Wort und bilden Sie dann kleinere Wörter aus den Buchstaben.

WOHLSTANDSGESELLSCHAFT – *(wohl, stehen, Schaf, Wand, . . .)*

b) Wortassoziation – wählen Sie ein Wort. Dann schreiben Sie andere Wörter auf, die mit diesem Wort eine Verbindung haben.

DIE UMWELT

ALLGEMEINES

die Abfallvermeidung *waste reduction*

das Aussterben *extinction*

bedroht *endangered*

bleifreies Benzin *lead-free petrol*

das FCKW-freie Produkt (e)

CFC-free product

das Fischsterben *death of fish*

gefährdet *endangered*

gesundheitsgefährdend

dangerous for your health

der Giftmüll *toxic waste*

der Katalysator (en) *catalytic converter*

das Klima (s) *climate*

die Kontaminierung *contamination*

die Lärmminderung (en)

noise reduction

die Luftverschmutzung *air pollution*

der Naturschutz *nature protection*

ökologisch *ecological*

das Öko-Image *ecological image*

das Ökosystem (e) *ecological system*

das Ozonloch (⸚ er)

hole in the ozone layer

die Ozonzerstörung

destruction of the ozone layer

das Pumpspray (s) *pump action pack*

der Regenwald (⸚ er) *rainforest*

das Recycling *recycling*

das Recyclingpapier *recycled paper*

retten *to save*

rücksichtslos *inconsiderate*

schädigen *to damage*

der Schadstoff (-) *pollutant*

der Schutz *protection*

der Smog *smog*

der Abbau der Ozonschicht	*depletion of the ozone layer*
die schützende Ozonschicht	*the protective ozone layer*
die Aufheizung der Erdatmosphäre	*global warming*
circa 90% der Verpackungen tragen den grünen Punkt	*approximately 90% of packaging displays the green sign*
ozonschädigende Substanzen	*substances which harm the ozone layer*
übermäßiges Sonnenbaden	*excessive sunbathing*

schützen	*to protect*
der Treibhauseffekt (e)	*greenhouse effect*
die Treibhausgase	*greenhouse gases*
die Umweltbelastung	*burden to the environment*
umweltbewußt	*environmentally aware*
umweltfreundlich	*environmentally friendly*
umweltschädlich	*harmful to the environment*
der Umweltschutz	*environmental protection*
die Umweltverschmutzung	*environmental pollution*
die Umweltkatastrophe (n)	*environmental disaster*
vergiftet	*poisoned*
die Vermeidung	*avoidance*
die Verminderung	*reduction*
die Verschmutzung	*pollution*
das Waldsterben	*dying of forests*
der Walfang	*whale hunting*
die Zerstörung (en)	*destruction*

URSACHEN

das Abgas (e)	*exhaust fumes, waste gas*
die Auspuffgase (*pl*)	*exhaust fumes*
das Chlor	*chlorine*
der Dünger (-)	*fertiliser*
der Energieverbrauch	*energy consumption*
FCKW	*CFCs*
die Fluorchlorkohlenwasserstoffe (*pl*)	*chlorofluorocarbons*
fossile Brennstoffe (*pl*)	*fossil fuels*
die Klimaanlage (n)	*air conditioner*
das Kohlendioxid	*carbon dioxide*
das Kraftwerk (e)	*power station*
das Methan	*methane*
der Ölteppich (e)	*oil slick*
das Pestizid (e)	*pesticide*
das Phosphat	*phosphate*

umweltbewußter Verbraucher	*environmentally aware consumer*
die globale Verantwortung	*global responsibility*
die Sonnenmilch hat Lichtschutzfaktor 15	*the sun cream is factor 15*
die ultraviolette (UV-) Strahlung	*ultraviolet (UV) radiation*
Veränderungen im Ökosystem	*changes in the ecosystem*
Abfall vermeiden	*to avoid waste*
1993 wurde das Duale System eingeführt	*the Dual System was introduced in 1993*

das Quecksilber	*mercury*
der Sauerstoff	*oxygen*
der saure Regen	*acid rain*
das Schwefel- und Stickstoffoxid	
	sulphur and nitrogen oxide
das Schwermetall (e)	*heavy metal*
die Spraydose/Sprühdose (n)	*aerosol*
der Stickstoff	*nitrogen*
die Stickoxid-Emission (en)	
	emission of nitrogen
das Styropor	*polystyrene*
das Treibgas (e)	*propellant*
verbleites Benzin	*leaded petrol*
das Verkehrsaufkommen	
	volume of traffic

MÜLLBESEITIGUNG

die Abfallentsorgung (en)

waste disposal

das Altpapier	*waste paper*
der Bioabfall (⁓ e)	*biological waste*
die Deponie (n)	*dump*
der Deponieraum (⁓ e)	*disposal site*
die Einkaufstasche (n)	*shopping bag*
die Entsorgung (en)	*waste management*
der Gartenabfall (⁓ e)	*garden waste*
der Glascontainer (-)	*bottle bank*
der Komposthaufen (-)	*compost heap*
der Küchenabfall (⁓ e)	*kitchen waste*
der Kunststoff (e)	*synthetic material*
die Mehrwegverpackung (en)	
	reusable packaging
die Müllabfuhr	*rubbish collection*
die Mülltonne (n)	*dustbin*
die Pfandflasche (n)	*returnable bottle*
der Sondermüll	*hazardous waste*
die Verpackung (en)	*packaging*
die Wiederverwertung	*reuse*

kompostierfähiger Abfall	*compostable waste*
Wertstoffe gehören in die grüne Tonne	*recyclable materials go in the green dustbin*
Bioabfall gehört in die braune Tonne	*bio-waste goes in the brown dustbin*
Restmüll gehört in die graue Tonne	*non-recyclable products go in the grey dustbin*
das Sammel- und Sortiersystem	*collecting and sorting system*
den Müll sortieren	*to sort your rubbish*
Mitglied einer Aktionsgruppe sein	*to be a member of an action group*
an einer Initiative teilnehmen	*to take part in an initiative*
möglichst wenig Müll verursachen	*to create as little rubbish as possible*
durch den Verzicht auf Verpackungen	*by doing without packaging*

VOKABELTIP

Wörterbuch: Englisch/Deutsch

Wenn Sie ein bestimmtes deutsches Wort suchen, schlagen Sie es im Wörterbuch nach. Achten Sie aber darauf, daß Sie das passende Wort wählen.

Sehen Sie diesen Auszug an und beantworten Sie die untenstehenden Fragen.

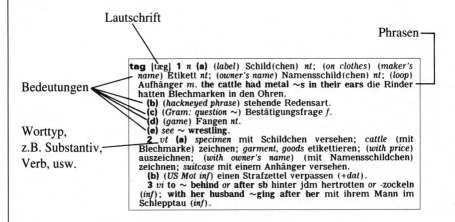

Lautschrift

Phrasen

Bedeutungen

Worttyp,
z.B. Substantiv,
Verb, usw.

tag [tæg] **1** *n* **(a)** (*label*) Schild(chen) *nt*; (*on clothes*) (*maker's name*) Etikett *nt*; (*owner's name*) Namensschild(chen) *nt*; (*loop*) Aufhänger *m*. **the cattle had metal ~s in their ears** die Rinder hatten Blechmarken in den Ohren.
(b) (*hackneyed phrase*) stehende Redensart.
(c) (*Gram: question* ~) Bestätigungsfrage *f*.
(d) (*game*) Fangen *nt*.
(e) *see* ~ **wrestling**.
2 *vt* **(a)** *specimen* mit Schildchen versehen; *cattle* (mit Blechmarke) zeichnen; *garment, goods* etikettieren; (*with price*) auszeichnen; (*with owner's name*) (mit Namensschildchen) zeichnen; *suitcase* mit einem Anhänger versehen.
(b) (*US Mot inf*) einen Strafzettel verpassen (+*dat*).
3 *vi* **to ~ behind** *or* **after sb** hinter jdm hertrotten *or* -zockeln (*inf*); **with her husband ~ging after her** mit ihrem Mann im Schlepptau (*inf*).

a) Wie viele Bedeutungen hat *a tag* auf deutsch?

b) Wie sagt man *he tags behind his father* auf deutsch?

c) Wie heißt *a tag question* auf deutsch?

d) Wie sagt man *to put a tag on a suitcase* auf deutsch?

e) Was ist der Unterschied zwischen *Etikett* und *etikettieren*?

f) Was ist richtig: der/die/das Fangen?

Tip! Wenn Sie ein neues deutsches Wort nachschlagen, überprüfen Sie es, indem Sie es auch im Deutsch-Englischen Wörterbuch nachschlagen.

67

WELTBLICKE

FRIEDEN UND KRIEG

die Abrüstung	*disarmament*
die Abschreckung (en)	*deterrent*
der Angreifer (-)	*aggressor*
die Armee (n)	*army*
die Atombombe (n)	*atom bomb*
das Aufmarschgebiet (e)	*deployment area*
die Ausgangssperre (n)	*curfew*
besetzt	*occupied*
das Blutbad (∵ er)	*blood bath*
der Bombenanschlag (∵ e)	*bomb attack*
die Bundeswehr	*German army*
der Bürgerkrieg (e)	*civil war*
erobern	*to conquer*
erschrecken	*to terrify*
eskalieren	*to escalate*
evakuieren	*to evacuate*

die Exekution (en)	*execution*
das Explosionszentrum (-zentren)	*centre of the explosion*
die Feindseligkeit (en)	*hostility*
die Feuerpause (n)	*ceasefire*
foltern	*to torture*
das Friedensabkommen (-)	*peace treaty*
die Friedensbewegung (en)	*peace movement*
die Friedenszeit (en)	*peace time*
die Gasmaske (n)	*gas mask*
der Gebietsverlust (e)	*loss of territory*
gefangennehmen	*to take prisoner*
der Gegenschlag (∵ e)	*reprisal*
der Glaubenskrieg (e)	*religious war*
das Granatfeuer	*shelling*
die Greueltat (en)	*atrocity*
die Katastrophe (n)	*catastrophe*
der Konflikt (e)	*conflict*

humanitäre Hilfe	*humanitarian aid*
diplomatische Beziehungen	*diplomatic relations*
bei Angriffen getötet werden	*to be killed in attacks*
ein langandauernder Konflikt	*a lengthy conflict*
schwere Kämpfe	*heavy fighting*
vor Erschöpfung sterben	*to die of exhaustion*
ethnische Säuberung	*ethnic cleansing*

konventionell	*conventional*	der Rüstungswettlauf	*arms race*
der Konvoi (s)	*convoy*	schwerverletzt	*seriously injured*
kriegführend	*warring*	der/die Soldat/in (en/nen)	*soldier*
das Kriegsopfer (-)	*war victim*	der Sprengstoff (e)	*explosive*
die Kriegsverhinderung		die Supermacht (⁻ e)	*superpower*
	prevention of war	strategisch	*strategic*
die Kurzstreckenwaffe (n)		die Streitkräfte (*pl*)	*forces*
	short range weapon	die Tötung (en)	*killing*
die Leiche (n)	*corpse*	übergeben	*to surrender*
der Luftangriff (e)	*air raid*	der/die Überlebende (n)	*survivor*
das Massaker (-)	*massacre*	die Unterwerfung	*subjugation*
die Massenvernichtung		die Vernichtung	*extermination*
	mass destruction	die Verdunkelung (en)	*blackout*
die Militärmacht (⁻ e)	*military power*	die Verhandlungen (*pl*)	*negotiations*
die Mittelstreckenwaffe (n)		die Verteidigung	*defence*
	medium range weapon	der Waffenhandel	*arms trade*
die Munition	*ammunition*	der Waffenstillstand	*armistice*
der Notstand (⁻ e)	*state of emergency*	der Wehrdienst	*military service*
das Ölembargo (s)	*oil embargo*	der Wehrdienstverweigerer (-)	
der Pazifismus	*pacifism*		*conscientious objector*
die Rakete (n)	*rocket*	der Weltfrieden	*world peace*
die Rettungsaktion (en)	*rescue action*	zerstören	*to destroy*

lebenslange Schäden erleiden	*to suffer lifelong injury*
es brachte 300 Menschen den Tod	*it killed 300 people*
er fiel der Bombe zum Opfer	*he was a victim of the bomb*
militärische Intervention	*military intervention*
ins Kreuzfeuer geraten	*to get caught in the crossfire*
die Stadt steht unter Beschuß	*the town is under fire*
Flüchtlingshilfe der Vereinten Nationen	*United Nations refugee aid*

69

RELIGION

anbeten	*to worship*
die Andacht (en)	*worship, prayer*
anglikanisch	*Anglican*
der/die Atheist/in (en/nen)	*atheist*
die Beerdigung (en)	*funeral*
bekehren (zu)	*to convert (to)*
die Berufung (en)	*mission, calling*
die Bibel (-)	*bible*
der Buddha	*Buddha*
der Buddhismus	*Buddhism*
der/die Buddhist/in (en/nen)	*Buddhist*
das Christentum	*Christianity*
der/die Christ/in (en/nen)	*Christian*
das Dogma (-men)	*dogma*
die Dreifaltigkeit	*trinity*
der Erlöser	*Saviour*
evangelisch	*Protestant*
der Friedhof (⁓ e)	*cemetery*
fromm	*devout*

das Gebet (e)	*prayer*
geistig	*spiritual*
der Glaube (n)	*faith*
der Gott (⁓ er)	*God*
der Gottesdienst (e)	*church service*
der Guru (s)	*guru*
das Heil	*salvation*
heilig	*holy*
der Himmel (-)	*heaven*
der Hinduismus	*Hinduism*
der Hindu (s)	*Hindu*
die Hoffnung (en)	*hope*
die Hölle (n)	*hell*
der Islam	*Islam*
das Judentum	*Judaism*
der Jude (n)	*Jew (m)*
die Jüdin (nen)	*Jew (f)*
die Kommunion	*communion*
der Koran	*Koran*
katholisch	*Catholic*
der Kult (e)	*cult*

eine religiöse Versammlung	*a religious gathering*
gegen meine Religion verstoßen	*to be against my religion*
etwas im Namen der Religion machen	*to do something in the name of religion*
als Katholik auf die Welt kommen	*to be born a Catholic*
kirchlich heiraten	*to get married in church*
an ein Leben nach dem Tod glauben	*to believe in life after death*
ein gläubiger Mensch	*a believer*
der Sinn des Lebens	*the meaning of life*
die Unfehlbarkeit des Papstes	*the infallibility of the Pope*

der Lama (s)	*lama*
die Meditation (en)	*meditation*
der/die Missionar/in (e/nen)	*missionary*
die Moschee (n)	*mosque*
der Moslem (s)	*Moslem*
orthodox	*orthodox*
der Prophet (en)	*prophet*
der Protestantismus	*Protestantism*
religiös	*religious*
die Seele (n)	*soul*
das Seelenleben	*spiritual life*
der Segen (-)	*blessing*
die Sekte (n)	*sect*
der/die Sünder/in (-/nen)	*sinner*
die Synagoge (n)	*synagogue*
die Taufe (n)	*baptism*
der Tempel (-)	*temple*
der Teufel (-)	*devil*
die Theologie	*theology*
die Überzeugung (en)	*conviction*
die Weltreligion (en)	*world religion*
die Wiedergeburt (en)	*reincarnation*
die Zeremonie (n)	*ceremony*

DRITTE WELT

die Armut	*poverty*
die Ausbeutung (en)	*exploitation*
benötigen	*to need, require*
die Bevölkerungsexplosion (en)	*population explosion*
das Bevölkerungswachstum	*population growth*
der Bodenertrag (⸚ e)	*crop yield*
das Dritte-Welt-Land (⸚ er)	*Third World country*
die Dürre (n)	*drought*
das Elend	*misery*
der/die Entwicklungshelfer/in (-/nen)	*development worker*
die Entwicklungshilfe (n)	*development aid*
das Erdbeben (-)	*earthquake*
die Ernährung	*nourishment*
die Familienplanung	*family planning*
die Geburtenkontrolle (n)	*birth control*
die Geburtenrate (n)	*birth rate*

zum/zur X konvertieren	*to convert to X*
an Gott glauben	*to believe in God*
aus der Kirche austreten	*to leave the Church*
medizinische Hilfe	*medical help*
auf Kosten der Dritten Welt leben	*to live at the expense of the Third World*
ein abgemagertes Kind	*an emaciated child*

71

die Großfamilie (n)   *extended family*

die Hilfsorganisation (en)

relief organisation

die Hungersnot (⸚ e)   *famine*

die Industrialisierung (en)

industrialisation

die Krankheit (en)   *disease*

das Krisengebiet (e)   *crisis area*

die Landwirtschaft   *agriculture*

die Malaria   *malaria*

mangeln   *to lack*

der Militärputsch (e)   *military putsch*

der Monsun (e)   *monsoon*

der Nord-Süd-Konflikt (e)

north-south conflict

die Not (⸚ e)   *need(iness), want*

die Naturkatastrophe (n)

natural disaster

die Regenzeit (en)   *rainy season*

die Schulden (*pl*)   *debts*

der Slum (s)   *slum*

die Spende (n)   *donation*

die Überbevölkerung   *overpopulation*

die Überschwemmung (en)   *flood*

die Ungerechtigkeit (en)   *injustice*

die Unterdrückung (en)   *oppression*

unterentwickelt   *underdeveloped*

die Unterernährung   *malnourishment*

verdursten   *to die of thirst*

verhungern   *to starve*

vertrocknen   *to dry out*

EU

die Barriere (n)   *barrier*

die Bürokratie   *bureaucracy*

der Butterberg (e)   *butter mountain*

die Demokratie   *democracy*

der/die Europäer/in (-/nen)

European (person)

Europäische Gemeinschaft

European Community

unter der Armutsgrenze leben   *to live below the poverty line*

eine hohe Zahl von Analphabeten   *a large number of illiterate people*

verschmutztes Wasser   *contaminated water*

Hilfe zur Selbsthilfe   *helping people help themselves*

katastrophale Zustände   *catastrophic circumstances*

die Weltbevölkerung wächst jeden Tag   *the world population increases daily*

niedrige Lebenserwartungen   *low life expectancy*

zu den Bedürftigen kommen   *to reach the needy*

Europäische Kommission

European Commission

Europäischer Binnenmarkt

Common Market

Europäischer Gerichtshof

European Court of Justice

Europäischer Rat   *European Council*

Europäisches Parlament

European Parliament

Europäische Zentralbank

European Central Bank

die Freizügigkeit *freedom of movement*

der Grenzabbau   *removal of borders*

der Kanaltunnel   *channel tunnel*

die Kompensation (en)   *compensation*

der Kontinent (e)   *continent*

der Ministerrat   *Council of Ministers*

der Mitgliedsstaat (en)   *member state*

der Pluralismus   *pluralism*

die Subvention (en)   *subsidy*

der Überschuß (-üsse)   *surplus*

der Weinsee (n)   *wine lake*

Währungen:

Belgischer Franc   *Belgian franc*

Britisches Pfund Sterling

British pound sterling

Dänische Krone   *Danish krone*

Deutsche Mark   *German mark*

der/die Ecu (s)   *ecu*

Französischer Franc   *French franc*

Griechische Drachme   *Greek drachme*

Irisches Pfund   *Irish punt*

Italienische Lira   *Italian lira*

Luxemburgischer Franc

Luxembourg franc

Niederländischer Gulden *Dutch gulden*

Portugiesischer Escudo

Portuguese escudo

Spanische Peseta   *Spanish peseta*

Mitglied der Europäischen Union (EU)   *member of the European Union (EU)*

die Wirtschafts- und Währungsunion   *economic and currency union*

Wohnsitz, Ausbildungsort und   *to choose where to live, study and work*

Arbeitsplatz frei wählen

Einheit in Vielfalt   *unity in diversity*

das Gesicht Europas prägen   *to shape the face of Europe*

steuerliche Schranken abbauen   *to remove tax barriers*

die Reform der Agrarpolitik   *reform of agricultural policies*

Gemeinsame Agrarpolitik (GAP)   *Common Agricultural Policy (CAP)*

GATT-Verhandlungen   *GATT talks*

STADTLEBEN

die Anonymität	*anonymity*
bebaut	*built-up*
die Fußgängerzone (n)	*pedestrian zone*
das Gedränge	*hustle*
der Geräuschpegel (-)	*noise level*
das Graffiti (-)	*graffiti*
die Großstadt (⁻ e)	*big city*
der Grüngürtel (-)	*green belt*
die Hauptstadt (⁻ e)	*capital city*
die Hektik	*hectic pace*
die Innenstadt (⁻ e)	*inner city*
die Kleinstadt (⁻ e)	*small town*
der/die Pendler/in (-/nen)	*commuter*
der Schrebergarten (⁻)	*allotment*
städtisch	*civic*
der Stau (e)	*tailback*
die Stoßzeit (en)	*rush hour*
der Trubel	*hurly-burly*
überbesiedelt	*overpopulated*
die Vorstadt (⁻ e)	*suburb*
die Wohnsiedlung (en)	*housing estate*
der Wolkenkratzer (-)	*sky-scraper*

LANDLEBEN

abgeschieden	*isolated*
abgeschnitten	*cut off*
das Ackerland	*arable land*
der Bauernhof (⁻ e)	*farm*
bergig	*mountainous*
die Bergkette (n)	*mountain chain*
bildschön	*picturesque*
die Dorfkneipe (n)	*village pub*
die Ebene (n)	*plain*
die Ernte (n)	*harvest*
ertragreich	*fertile*
erzeugen	*to produce*
gedeihen	*to flourish*
geruhsam	*leisurely*
hügelig	*hilly*
ländlich	*rural*
die Landluft	*country air*
die Landwirtschaft	*agriculture*
der Obstgarten (⁻)	*orchard*
öde	*barren*
die Ruhe	*peace*
die Viehzucht	*cattle breeding*

langer Samstag	*Saturday when shops stay open all day*
einen Einkaufsbummel machen	*to go shopping*
öffentliche Verkehrsmittel (*pl*)	*public transport*
aufs Land fahren	*to drive into the country*
auf das Auto angewiesen sein	*to be dependent on a car*
landschaftlich schön	*scenic*

KÜSTENLEBEN

der Ärmelkanal	*English Channel*
der Atlantik	*Atlantic Ocean*
die Ebbe	*low tide*
das Fischerdorf (⸚ er)	*fishing village*
die Fischindustrie (n)	*fish industry*
der FKK-Strand (⸚ e)	*nudist beach*
die Flut	*high tide*
die Gezeiten (*pl*)	*tide*
die Hafenstadt (⸚ e)	*port city*
der Kanal (⸚ e)	*canal*
die Küstenlinie (n)	*coast line*
der Landesteg (e)	*pier*
der Meeresboden	*seabed*
das Mittelmeer	*Mediterranean*
die Möwe (n)	*seagull*
der Ozean (e)	*ocean*
die Sanddüne (n)	*sand dune*
der Schiffbau	*ship building*
segeln	*to sail*
die Überflutung (en)	*flood*

ALLGEMEINES

angrenzend an	*bordering on*
arm	*poor*
ausgedehnt	*extensive*
besiedelt	*occupied*
die Bevölkerungsdichte	
	population density
die Bodenfläche (n)	*area of land*
flach	*flat*
die Gemeinde (n)	*community*
geographisch	*geographical*
geologisch	*geological*
die Grenze (n)	*border*
die Halbinsel (n)	*peninsular*
das Klima (s)	*climate*
die Infrastruktur	*infrastructure*
die Provinz (en)	*province*
provinziell	*provincial*
die Siedlung (en)	*settlement*
umgeben (von)	*surrounded (by)*
wohlhabend	*prosperous*

ein Land ohne Zugang zum Meer	*a country with no sea access*
den Pazifik überqueren	*to cross the Pacific Ocean*
eine Hafenrundfahrt machen	*to tour the harbour*
es weht eine steife Brise	*there's a strong wind blowing*
am Strand liegen	*to lie on the beach*
eine Strandburg bauen	*to build a sandcastle*
oben ohne gehen	*to go topless*

VOKABELTIP

Zusammengesetzte Wörter (2)

Ein zusammengesetztes Wort besteht aus zwei oder mehreren Wörtern.

Das Geschlecht des Wortes wird vom letzten Teil bestimmt.

Zum Beispiel *Jugendzentrum* besteht aus zwei Wörtern:

die Jugend (f)/*das Zentrum* (n)

Da *Zentrum* neutrum ist, ist *Jugendzentrum* auch neutrum.

a) Sind die Wörter unten maskulinum, femininum oder neutrum?

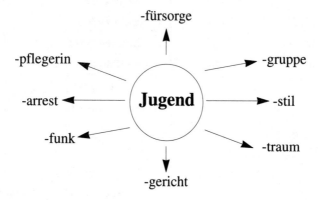

b) Was bedeuten die Wörter auf englisch?

Wie viele zusammengesetzte Wörter können Sie für Tier-, Mutter-
und Kopf- finden? Machen Sie eine Liste davon!

WIRTSCHAFT

AUF DER BANK

das Bankwesen	banking
das Bargeld	cash
bargeldlos	cashless
die Bausparkasse (n)	building society
brutto	gross
das Darlehen (-)	loan
einlösen	to cash (a cheque)
der Euroscheck (s)	Eurocheque
die Filiale (n)	branch
die Forderung (en)	demand
die Gebühr (en)	fee, charge
die Geheimzahl (en)	PIN number
der Geldautomat (en)	cash dispenser
das Girokonto (-ten)	current account
gutschreiben	to credit

die Hypothek (en)	mortgage
die Kaution (en)	deposit
der Kontoauszug (∸ e)	bank statement
die Kontobewegung (en)	transaction
der Kredit (e)	credit, loan
die Kreditgrenze (n)	credit limit
die Kreditkarte (n)	credit card
netto	net
der Scheck (s)	cheque
die Scheckkarte (n)	cheque card
das Sparkonto (-ten)	savings account
überweisen	to transfer
überziehen	to overdraw
die Währung (en)	currency
die Zahlung (en)	payment
die Zinsen (pl)	interest
das Zinsenkonto (-ten)	interest account

Xs Konto mit einer Summe belasten	to debit X's account with a sum
per Dauerauftrag bezahlen	to pay by standing order
das lasse ich mir vom Konto abbuchen	I will have that debited from my account
bei Barzahlung 2% Skonto	2% cash discount
in bar bezahlen	to pay by cash
eine Rechnung begleichen	to settle an invoice
Geld anlegen	to invest money
nach Abzug von Steuern	after tax
in den Roten Zahlen sein (inf)	to be in the red

FINANZEN

die Aufwendung (en)	*expense*
die Ausgabe (n)	*expenditure*
berechnen	*to calculate*
der Betrag (⸚ e)	*amount*
betragen	*to amount to*
die Buchhaltung (en)	*accounts*
das Budget (s)	*budget*
der Einkaufspreis (e)	*cost price*
die Einsparung (en)	*cost-cutting*
der Einzelpreis (e)	*unit price*
die Einkommenssteuer	*income tax*
die Finanzierung (en)	*finance*
der Fonds (-)	*fund*
der Gewinn (e)	*profit*
das Honorar (e)	*fee*
die Inflationsrate (n)	*rate of inflation*
die Investition (en)	*investment*
der Investor (en)	*investor*
das Kapital	*capital*
der Kaufpreis (e)	*purchase price*
die Körperschaftssteuer	*corporation tax*

die Kosten (*pl*)	*costs*
die Mehrwertsteuer (MwSt)	*Value Added Tax (VAT)*
die Milliarde (n)	*billion*
die Million (en)	*million*
die Mittel (*pl*)	*resources*
pleite	*bankrupt*
der Preisanstieg (e)	*price increase*
preisgünstig	*low-cost*
der Preiskampf (⸚ e)	*price war*
der Preisnachlaß (-lässe)	*price reduction*
der Prozentsatz (⸚ e)	*percentage*
die Quittung (en)	*receipt*
der Rabatt (e)	*discount*
die Rechnung (en)	*invoice, bill*
die Schulden (*pl*)	*debts*
das Skonto (s)	*cash discount*
die Sozialabgaben (*pl*)	*welfare contributions*
die Spesen (*pl*)	*expenses*
die Steuer (n)	*tax*
die Steuerbelastung (en)	*tax burden*

Steuererhöhungen durchsetzen	*to raise taxes*
die Gewinn- und Verlustrechnung	*profit and loss account*
die Inflationsrate ist auf 4,1% gefallen	*the inflation rate has fallen to 4.1%*
das Staatsdefizit soll sinken	*the national deficit should be reduced*
die Wirtschaft ankurbeln	*to boost the economy*
von 34 auf 36% erhöhen	*to raise from 34 to 36%*

der Umsatz (⸚ e)	*turnover*
der Verlust (e)	*loss*
zahlungsfähig	*solvent*
zahlungsunfähig	*insolvent*

AN DER BÖRSE

die Aktie (n)	*share*
der/die Aktionär/in (e/nen)	*shareholder*
die Anlage (n)	*investment*
anlegen	*to invest*
die Anleihe (n)	*bond*
der Anteil (e)	*holding*
die Dividende (n)	*dividend*
der Kurs (e)	*rate, price*
der Kurseinbruch (⸚ e)	*stock market crash*
der/die Makler/in (-/nen)	*broker*
die Privatisierung (en)	*privatisation*
spekulieren	*to speculate*
die Termingeschäfte (*pl*)	*futures*
die Transaktionen (*pl*)	*dealing*
die Übernahme (n)	*takeover*

HANDEL

abbestellen	*to cancel (an order)*
der Absatz (⸚ e)	*sales*
anbieten	*to offer*
die Anforderung (en)	*requirement*
die Angabe (n)	*specification*
das Angebot (e)	*offer*
der Artikel (-)	*product, article*
der Bedarf (e)	*need*
bestellen	*to order*
die Bestellung (en)	*order*
die Bestimmung (en)	*regulation*
die Bitte (n)	*request*
der Einkauf (⸚ e)	*purchase*
die Entwicklung (en)	*development*
erweitern	*to expand*
erwerben	*to buy*
erzeugen	*to produce*
das Erzeugnis (se)	*product*
der Export (e)	*export*
exportieren	*to export*
die Fertigung (en)	*production*

der Abwärtstrend ist nicht zu stoppen	*the downward trend cannot be halted*
einen neuen Höchstwert erreichen	*to reach a new high*
mit Anleihen verdient man brutto 7%	*you earn 7% gross with bonds*
in Aktien investieren	*to invest in shares*
einen drastischen Rückgang zu verzeichnen haben	*to report a drastic drop*
konjunkturell bedingt	*due to economic factors*

herstellen	*to manufacture*
die Herstellung (en)	*manufacture*
der Import (e)	*import*
der Kauf (ᵘ e)	*purchase*
der Lagerbestand (ᵘ e)	*stock*
die Lieferung (en)	*delivery*
die Lieferbedingungen	*terms of delivery*
der Marktanteil (e)	*market share*
die Markteinführung (en)	*launch*
der Marktführer (-)	*market leader*
die Massenproduktion	*mass production*
die Messe (n)	*trade fair*
die Palette (n)	*range, pallet*
produzieren	*to produce*
das Sortiment (e)	*product range*
spezialisieren	*to specialise*
verkaufen	*to sell*
der Verkaufspreis (e)	*sales price*
vermarkten	*to market*
die Ware (n)	*goods*

ORGANISATION

die AG (Aktiengesellschaft)	*Plc*
die Akzeptanzstelle (n)	*outlet*
die Branche (n)	*sector*
der Betrieb (e)	*business, firm*
die Dienstleistung (en)	*service*
die Dienstleistungsbranche (n)	*service industry*
der Einzelhandel	*retail trade*
die Gewerkschaft (en)	*trade union*
der Großhandel	*wholesale trade*
die Handelskammer (n)	*chamber of commerce*
der Hauptsitz (e)	*headquarters*
die Industrie (n)	*industry*
das Marketing	*marketing*
das Monopol (e)	*monopoly*
die Niederlassung (en)	*branch*
die Partnerschaft (en)	*partnership*
die Sparte (n)	*line of business*

Angebot und Nachfrage	*supply and demand*
mit Briten treiben wir viel Handel	*we do a lot of business with the British*
die allgemeinen Geschäftsbedingungen	*terms of trade*
die freie Marktwirtschaft	*free market economy*
die soziale Marktwirtschaft	*social market economy*
Abstriche machen	*to make cutbacks*
eine nachhaltige Verbesserung	*a sustained recovery*
ein Gewerbe anmelden	*to register a trade/business*

die Tochtergesellschaft (en)	*subsidiary*
unabhängig	*independent*
das Unternehmen (-)	*company*
unternehmerisch	*entrepreneurial*
die Verwaltung (en)	*administration*
das Werk (e)	*works, factory*

ALLGEMEINES

aktuell	*current*
die Analyse (n)	*analysis*
der Aufschwung (⁔ e)	*upturn*
der Auftrieb (e)	*upward trend*
der Außenhandel	*foreign trade*
die Aussicht (en)	*prospect*
das Defizit (e)	*deficit*
effektiv	*in real terms*
der Einzelhandelspreisindex	*retail price index*
die Erneuerung	*regeneration*
der Ertrag (⁔ e)	*yield*
der Exportmarkt (⁔ e)	*export market*

die Flaute (n)	*depression*
die Handelsbilanz (en)	*balance of trade*
die Hochkonjunktur (en)	*boom*
die Konjunktur (en)	*economic situation*
der Konkurrent (en)	*competitor*
die Konkurrenz (en)	*competition*
konkurrenzfähig	*competitive*
der Lebenshaltungskostenindex	*cost-of-living index*
der Leitzins (en)	*base rate*
ökonomisch	*economical*
die Planwirtschaft	*planned economy*
die Rezession (en)	*recession*
rückläufig	*declining*
die Strategie (n)	*strategy*
der/die Volkswirt/in (e/-nen)	*economist*
das Wachstum	*growth*
das Wirtschaftswunder (-)	*economic miracle*
die Wirtschaftskrise (n)	*economic crisis*
die Zahlungsbilanz (en)	*balance of payments*

Gesellschaft mit beschränkter Haftung (GmbH)	*private limited company (Ltd)*
ein Unternehmen mit einem Jahresumsatz von mehr als . . .	*a firm with an annual turnover of more than . . .*
sie importierten Waren im Wert von . . .	*they imported goods to a value of . . .*
um 145 Milliarden Dollar reduzieren	*to reduce by 145 billion dollars*
das Geschäft wirft jetzt Gewinn ab	*the business is now running at a profit*
in Konkurs gehen	*to go bankrupt*

VOKABELTIP

Lernstrategien

Wenn Sie Ihren Wortschatz erweitern wollen, helfen Ihnen Lernstrategien. Wahrscheinlich haben Sie sich dafür schon einige Strategien ausgedacht. Hier sind noch mehr Ideen, die Ihnen weiterhelfen.

a) Lernen Sie jeden Tag fünf neue Wörter. Am Ende der Woche versuchen Sie, sie alle aufzuschreiben. Die Wörter, die Sie inzwischen vergessen haben, können Sie dann wieder in der nächsten Woche lernen.

b) Nehmen Sie die deutschen Wörter zu einem bestimmten Thema auf Kassette auf. Lassen Sie nach jedem Wort eine Pause. Dann fügen Sie die englische Bedeutung ein. Wenn Sie unterwegs sind, können Sie die Kassette im Walkman abhören. Sagen Sie das englische Wort, bevor Sie es nach der Pause hören. Sie können das dann natürlich auch umgekehrt machen: englisch – deutsch!

c) Schreiben Sie die Vokabeln zu bestimmten Themen auf kleine Karten: Schreiben Sie das deutsche Wort auf eine Seite der Karte und das englische Wort auf die andere. Legen Sie die Karten auf den Tisch und geben Sie die richtige Übersetzung an. Wiederholen Sie das Spiel von Zeit zu Zeit.

PHRASEN

ZEITAUSDRÜCKE

ab und zu	*now and again*
andauernd	*constantly*
die Ära (Ären)	*era*
danach	*after that*
davor	*before that*
die Epoche (n)	*epoch*
der Feiertag (e)	*public holiday*
die Festzeit (en)	*festive season*
der Frühlingsanfang	*first day of spring*
häufig	*often*
der Herbstanfang	*start of autumn*
im Hochsommer	*at the height of summer*
Jahre her	*years ago*
das Jahrhundert (e)	*century*
die Jahrhundertwende (n)	*turn of the century*
das Jahrtausend (e)	*millenium*
das Jahrzehnt (e)	*decade*
das Jubiläum (-äen)	*anniversary*
der Kalendermonat (e)	*calendar month*
kaum	*rarely*
lange her	*a long time ago*
der Mittag	*midday*
um Mitternacht	*at midnight*
am Monatsende	*at the end of the month*
nach wie vor	*still*

die besten Jahre deines Lebens	*the best years of your life*
die Spuren der Zeit	*the ravages of time*
das Leben im 20. Jahrhundert	*life in the 20th century*
auf das Jahr zurückschauen	*to look back over the year*
ein erfolgreiches neues Jahr	*a successful new year*
einen guten Rutsch ins Neue Jahr	*Happy New Year*
im Großen und Ganzen war das Jahr . . .	*on the whole the year has been . . .*
in den kommenden Jahren	*in the coming years*
von der Zeit an	*from that time on*
eine Weile her	*a while ago*
alles zu seiner Zeit	*all in good time*
die Zeit vergeht	*time ticks by*

pünktlich	*punctually*	angeblich	*supposedly*
das Schaltjahr (e)	*leap year*	apropos	*talking of*
der Sonnenaufgang (⁓ e)	*sunrise*	auf alle Fälle	*in any case*
der Sonnenuntergang (⁓ e)	*sunset*	auf keinen Fall	*on no account*
sporadisch	*sporadically*	außerdem	*furthermore*
bei Tagesanbruch	*at dawn*	beispielsweise	*for instance*
tagtäglich	*day in day out*	einerseits	*on the one hand*
übermorgen	*the day after tomorrow*	erst wenn	*only when*
vorgestern	*the day before yesterday*	es sei denn	*unless*
das Wochenende (n)	*weekend*	gewiß	*certain*
der Wochentag (e)	*weekday*	greifbar	*tangible*
zur Zeit	*at the moment*	hauptsächlich	*mainly*

FÜLLWÖRTER

		kein Kommentar	*no comment*
		im allgemeinen	*in general*
allerdings	*mind you*	im Alltag	*in day to day life*
alles in allem	*all in all*	im Durchschnitt	*on average*
als je zuvor	*than ever before*	im Ernst	*seriously*
am Anfang/Ende	*at the beginning/end*	im Gegensatz zu	*as opposed to*
an deiner Stelle	*in your position*	im Gegenteil	*on the contrary*
andererseits	*on the other hand*	im Grunde	*basically*

so gut wie kaum	*hardly ever*
Punkt elf	*at eleven o'clock on the dot*
am frühen/späten Abend	*in the early/late evening*
in vierzehn Tagen	*in a fortnight*
alle Jubeljahre	*once in a blue moon*
in einer Krise stecken	*to be in a crisis*
es kommt darauf an	*it depends*
es ist mir egal	*I don't care*
es ist mir gleich	*it's all the same to me*

im Nachhinein	*in retrospect*	tatsächlich	*actually*
im Prinzip	*in principle*	übrigens	*by the way*
im Vergleich zu	*compared with*	umgekehrt	*vice versa*
im Widerspruch zu	*contrary to*	unbestritten	*indisputable*
in der Hoffnung, daß	*in the hope that*	unheimlich	*incredibly*
in der Tat	*in fact*	vergeblich	*in vain*
in Sicht	*in sight*	vermutlich	*presumably*
insofern als	*in so far as*	verständlicherweise	*understandably*
in Wirklichkeit	*in reality*	von da an	*from then on*
jedenfalls	*in any case*	vor allem	*above all*
keineswegs	*on no account*	voraussichtlich	*expected, probably*
kurz gesagt	*in short*	vorwiegend	*predominantly*
mit der Aussicht auf	*with the view to*	wesentlich	*considerably*
möglicherweise	*possibly*	wie immer	*as ever*
nachträglich	*subsequently*	zu Anfang	*to begin with*
offenbar	*apparently*	zum Glück	*luckily*
ohnehin	*anyway*	zum Großteil	*in the main*
selbstverständlich	*obviously*	zumindest	*at least*
sogenannt	*so-called*	zusätzlich	*additionally*
stattdessen	*instead of that*	zweifellos	*doubtless*

etwas objektiv/subjektiv betrachten	*to view something objectively/subjectively*
etwas im Blick haben	*to have something in mind*
zum Ziel kommen	*to achieve the objective*
eine Reihe von Gründen	*a lot of reasons*
in einer Untersuchung heißt es . . .	*according to an investigation . . .*
laut eines Berichts	*according to a report*
Schlußfolgerungen ziehen	*to draw conclusions*
erstens/zweitens/drittens	*firstly/secondly/thirdly*
es entspricht den Tatsachen nicht	*it's not in accordance with the facts*

MEINUNGEN

ich akzeptiere, daß . . .	*I accept that . . .*
ich befürchte, daß . . .	*I fear that . . .*
ich behaupte, daß . . .	*I claim that . . .*
ich bezweifle, daß . . .	*I doubt that . . .*
ich bin der Meinung, daß . . .	*I think that . . .*
ich bin für/gegen . . .	*I'm for/against . . .*
ich bin entsetzt, daß . . .	*I'm horrified that . . .*
ich bin skeptisch gegenüber . . .	*I'm sceptical about . . .*
ich bin stolz, daß . . .	*I'm proud that . . .*
ich bin überzeugt, daß. . .	*I'm convinced that . . .*
ich finde, daß . . .	*I find that . . .*
ich gebe zu, daß . . .	*I admit that . . .*
ich glaube, daß . . .	*I believe that . . .*
ich habe den Eindruck, daß . . .	*I have the impression that . . .*
ich habe keinerlei Interesse an . . .	*I'm not remotely interested in . . .*
ich habe keinen Zweifel, daß . . .	*I don't have any doubt that . . .*
ich halte es für möglich, daß . . .	*I think it's possible that . . .*
ich hoffe, daß . . .	*I hope that . . .*
ich lege Wert darauf, daß . . .	*I think it's important that . . .*
ich meine, daß . . .	*I think that . . .*
ich möchte feststellen, ob . . .	*I would like to ascertain whether . . .*
ich nehme an, daß . . .	*I assume that . . .*
ich nehme es ernst, . . .	*I take it seriously . . .*
ich schlage vor, daß . . .	*I suggest that . . .*
ich schließe es nicht aus, daß . . .	*I don't rule out the fact that . . .*
ich sehe eine Möglichkeit . . .	*I see a possibility . . .*
ich stimme zu, daß . . .	*I agree that . . .*
ich vermute, daß . . .	*I suspect that . . .*
ich wette, daß . . .	*I bet that . . .*
wir sind uns einig, daß . . .	*we're agreed that . . .*
meiner Meinung nach . . .	*in my opinion . . .*
wir gehen davon aus, daß . . .	*we assume that . . .*

ARGUMENTATIONEN

die Folge ist, daß . . .	*the consequence is that . . .*
das beweist, daß . . .	*that proves that . . .*
das führt dazu, daß . . .	*that leads to . . .*
das Gleiche gilt für . . .	*the same goes for . . .*
das ist der Grund, warum . . .	*that's the reason why . . .*
es betrifft . . .	*it concerns . . .*
es bleibt zu beachten, was . . .	*it remains to be seen what . . .*
es freut mich, daß . . .	*I am pleased that . . .*
es geht (nicht) um . . .	*it's (not) about . . .*
es handelt sich um . . .	*it's about . . .*
es hat keinen Sinn, daß . . .	*there's no point in . . .*
es ist bedauerlich, daß . . .	*it's regrettable that . . .*
es ist bekannt, daß . . .	*it's known that . . .*
es ist fraglich, ob . . .	*it's questionable whether . . .*
es ist klar, daß . . .	*it's clear that . . .*
es ist nicht wahr, daß . . .	*it's not true that . . .*
es ist nicht zu glauben, daß . . .	*it's not to be believed that . . .*
es ist die Rede von . . .	*there's talk of . . .*
es ist schwer vorstellbar, daß . . .	*it's hard to imagine that . . .*
es ist undenkbar, daß . . .	*it's inconceivable that . . .*
es ist völlig ausgeschlossen, daß . . .	*it's completely out of the question that . . .*
es kann sein, daß . . .	*it can be that . . .*
es kommt darauf an, was. . .	*it depends on what . . .*
es läßt sich daraus schließen, daß . . .	*it leads to the conclusion that . . .*
es leuchtet ein, daß . . .	*it stands to reason that . . .*
es lenkt den Blick auf . . .	*it draws your attention to . . .*
es muß betont werden, daß . . .	*it must be stressed that . . .*
es steht fest, daß . . .	*one thing is for sure, and that is . . .*
es stellt sich heraus, daß . . .	*it turns out that . . .*
es stimmt nicht, daß . . .	*it's not true that . . .*
es wäre ratsam, . . .	*it would be advisable . . .*
es wird behauptet, daß . . .	*it's claimed that . . .*

JUGENDSZENE

Er ist ganz schön ausgeflippt.	*He's really way out.*
Hier geht echt die Post ab!	*The atmosphere here is great!*
Hier ist Tote Hose.	*There's nothing going on here.*
Ich bezahle diese Runde.	*This round's on me.*
Sie ist blau/besoffen/beschwipst.	*She is drunk.*
Er ist sturzbesoffen/hackezu/dicht.	*He is completely sloshed.*
Ich fahre voll auf die Musik von X ab!	*I adore X's music!*
Der Typ hat mich angemacht.	*That bloke chatted me up.*
Er hat mich vollgelabert.	*He talked my head off.*
Das war eine irre/saustarke/geile Fete!	*That was a wicked/cool/mean party!*
Heute wollen wir die Sau rauslassen.	*We're going to let rip today.*
Ich gehe mit X.	*I'm going out with X.*
Ich bin verknallt in/echt scharf auf X.	*I'm madly in love with/I really fancy X.*
X ist ihr Schwarm.	*She's got a crush on X.*
Das Essen schmeckt echt astrein!	*The meal is excellent!*
Ich komme nicht aus der Falle/Koje.	*I can't get out of bed.*
Der Lehrer ist echt ein Spießer.	*The teacher is a real bore.*
Sie motzt/macht uns ständig an.	*She's constantly getting at us.*
Ich habe keinen Bock, das zu tun.	*I don't feel like doing that.*
Das ist doch Asche!	*That's totally pointless.*
Ich hab's gecheckt!	*I've got it.*
Ich bin total gefrustet/echt genervt.	*I'm totally frustrated/at the end of my tether.*
Ich bin völlig gestreßt.	*I'm completely stressed out.*
Ist gebongt!	*It's a deal.*
Ich glaub', es hackt!	*You can't be serious!*
Logo!/Klaro!	*Of course!*
Du hast wohl 'n Rad ab!	*You've got a screw missing!*
Du tickst nicht richtig!/Du spinnst.	*You're off your rocker!/You're crazy.*
Zieh Leine!/Hau ab!	*Get lost!*
Alles in Ordnung?	*Everything OK?*
Wie, altes Haus?	*All right, mate?*
Alles beieinander?	*Everything OK?*

VERBEN

* mit **sein**   ** intransitiv mit **sein**, transitiv mit **haben**

INFINITIV	PRÄSENS (ER/SIE/ES)	IMPERFEKT	PARTIZIP	ENGLISCH
backen	backt	backte	gebacken	*to bake*
befehlen	befiehlt	befahl	befohlen	*to order, command*
beginnen	beginnt	begann	begonnen	*to begin*
beißen	beißt	biß	gebissen	*to bite*
biegen	biegt	bog	gebogen	*to bend*
bieten	bietet	bot	geboten	*to offer*
binden	bindet	band	gebunden	*to tie*
bitten	bittet	bat	gebeten	*to ask*
blasen	bläst	blies	geblasen	*to blow*
bleiben	bleibt	blieb	geblieben *	*to stay*
brechen	bricht	brach	gebrochen **	*to break*
brennen	brennt	brannte	gebrannt	*to burn*
bringen	bringt	brachte	gebracht	*to bring*
denken	denkt	dachte	gedacht	*to think*
dürfen	darf	durfte	gedurft	*to be allowed to*
empfehlen	empfiehlt	empfahl	empfohlen	*to recommend*
essen	ißt	aß	gegessen	*to eat*
fahren	fährt	fuhr	gefahren **	*to drive*
fallen	fällt	fiel	gefallen *	*to fall*
fangen	fängt	fing	gefangen	*to catch*
finden	findet	fand	gefunden	*to find*
fliegen	fliegt	flog	geflogen **	*to fly*
fliehen	flieht	floh	geflohen **	*to flee*
fließen	fließt	floß	geflossen *	*to flow*

INFINITIV	PRÄSENS (ER/SIE/ES)	IMPERFEKT	PARTIZIP	ENGLISCH
frieren	friert	fror	gefroren	*to freeze*
geben	gibt	gab	gegeben	*to give*
gehen	geht	ging	gegangen	*to walk, go*
gelingen	gelingt	gelang	gelungen *	*to succeed*
gelten	gilt	galt	gegolten	*to be valid*
genießen	genießt	genoß	genossen	*to enjoy*
geschehen	geschieht	geschah	geschehen *	*to happen*
gewinnen	gewinnt	gewann	gewonnen	*to win*
gießen	gießt	goß	gegossen	*to pour*
gleichen	gleicht	glich	geglichen	*to equal*
gleiten	gleitet	glitt	geglitten *	*to glide*
graben	gräbt	grub	gegraben	*to dig*
greifen	greift	griff	gegriffen	*to grip*
haben	hat	hatte	gehabt	*to have*
halten	hält	hielt	gehalten	*to hold, stop*
hängen	hängt	hing	gehangen	*to hang*
heben	hebt	hob	gehoben	*to lift*
heißen	heißt	hieß	geheißen	*to be called*
helfen	hilft	half	geholfen	*to help*
kennen	kennt	kannte	gekannt	*to know*
klingen	klingt	klang	geklungen	*to sound, ring*
kommen	kommt	kam	gekommen *	*to come*
können	kann	konnte	gekonnt	*to be able to*
kriechen	kriecht	kroch	gekrochen *	*to creep*
laden	lädt	lud	geladen	*to load, invite*
lassen	läßt	ließ	gelassen	*to leave*
laufen	läuft	lief	gelaufen **	*to run*

INFINITIV	PRÄSENS (ER/SIE/ES)	IMPERFEKT	PARTIZIP	ENGLISCH
leiden	leidet	litt	gelitten	*to suffer*
leihen	leiht	lieh	geliehen	*to lend*
lesen	liest	las	gelesen	*to read*
liegen	liegt	lag	gelegen	*to lie*
löschen	lischt	losch	geloschen	*to quench*
lügen	lügt	log	gelogen	*to lie*
meiden	meidet	mied	gemieden	*to avoid*
messen	mißt	maß	gemessen	*to measure*
mißlingen	mißlingt	mißlang	mißlungen *	*to fail*
mögen	mag	mochte	gemocht	*to like (to)*
müssen	muß	mußte	gemußt	*to have to*
nehmen	nimmt	nahm	genommen	*to take*
nennen	nennt	nannte	genannt	*to name, call*
pfeifen	pfeift	pfiff	gepfiffen	*to whistle*
raten	rät	riet	geraten	*to advise, guess*
reiben	reibt	rieb	gerieben	*to rub*
reißen	reißt	riß	gerissen **	*to tear*
reiten	reitet	ritt	geritten **	*to ride*
rennen	rennt	rannte	gerannt *	*to run*
riechen	riecht	roch	gerochen	*to smell*
rufen	ruft	rief	gerufen	*to call*
schaffen	schafft	schuf	geschaffen	*to create*
scheiden	scheidet	schied	geschieden **	*to separate*
scheinen	scheint	schien	geschienen	*to shine*
schieben	schiebt	schob	geschoben	*to push*
schießen	schießt	schoß	geschossen **	*to shoot*
schlafen	schläft	schlief	geschlafen	*to sleep*

INFINITIV	PRÄSENS (ER/SIE/ES)	IMPERFEKT	PARTIZIP	ENGLISCH
schlagen	schlägt	schlug	geschlagen	to hit
schließen	schließt	schloß	geschlossen	to close
schmeißen	schmeißt	schmiß	geschmissen	to fling
schmelzen	schmilzt	schmolz	geschmolzen **	to melt
schneiden	schneidet	schnitt	geschnitten	to cut
schreiben	schreibt	schrieb	geschrieben	to write
schreien	schreit	schrie	geschrien	to scream, shout
schreiten	schreitet	schritt	geschritten *	to stride
schweigen	schweigt	schwieg	geschwiegen	to be silent
schwellen	schwillt	schwoll	geschwollen *	to swell
schwimmen	schwimmt	schwamm	geschwommen *	to swim
schwingen	schwingt	schwang	geschwungen	to swing
schwören	schwört	schwor	geschworen	to swear
sehen	sieht	sah	gesehen	to see
sein	ist	war	gewesen *	to be
singen	singt	sang	gesungen	to sing
sinken	sinkt	sank	gesunken *	to sink
sitzen	sitzt	saß	gesessen **	to sit
sollen	soll	sollte	gesollt	should
spinnen	spinnt	spann	gesponnen	to spin, be crazy
sprechen	spricht	sprach	gesprochen	to speak
springen	springt	sprang	gesprungen *	to jump
stechen	sticht	stach	gestochen	to sting
stehen	steht	stand	gestanden **	to stand
stehlen	stiehlt	stahl	gestohlen	to steal
steigen	steigt	stieg	gestiegen *	to climb
sterben	stirbt	starb	gestorben *	to die
stinken	stinkt	stank	gestunken	to stink

INFINITIV	PRÄSENS (ER/SIE/ES)	IMPERFEKT	PARTIZIP	ENGLISCH
stoßen	stößt	stieß	gestoßen	*to knock*
stoßen	stößt	stieß	gestoßen *	*to come across*
streiten	streitet	stritt	gestritten	*to argue*
tragen	trägt	trug	getragen	*to wear, carry*
treffen	trifft	traf	getroffen	*to meet*
treiben	treibt	trieb	getrieben	*to drive, propel*
treten	tritt	trat	getreten	*to kick*
treten	tritt	trat	getreten *	*to step, come*
trinken	trinkt	trank	getrunken	*to drink*
tun	tut	tat	getan	*to do*
verderben	verdirbt	verdarb	verdorben **	*to spoil*
vergessen	vergißt	vergaß	vergessen	*to forget*
verlieren	verliert	verlor	verloren	*to lose*
verzeihen	verzeiht	verzieh	verziehen	*to pardon*
wachsen	wächst	wuchs	gewachsen *	*to grow*
waschen	wäscht	wusch	gewaschen	*to wash*
weisen	weist	wies	gewiesen	*to show*
werden	wird	wurde	geworden	*to become*
werfen	wirft	warf	geworfen	*to throw*
wiegen	wiegt	wog	gewogen	*to weigh*
wissen	weiß	wußte	gewußt	*to know*
winden	windet	wand	gewunden	*to wind*
wollen	will	wollte	gewollt	*to want to*
ziehen	zieht	zog	gezogen	*to pull*
ziehen	zieht	zog	gezogen *	*to go, pass*
zwingen	zwingt	zwang	gezwungen	*to force*

ADRESSEN

Auswärtiges Amt
Adenauerallee 99–103
53113 Bonn
(*Deutschland und Auslandsfragen*)

Bundesministerium des Innern
Graurheindorfer Str. 198
53117 Bonn
(*Innenpolitik*)

Bundesministerium der Justiz
Heinemannstr. 6
53175 Bonn
(*Justiz, Kriminalität*)

Bundesministerium der Finanzen
Graurheindorfer Str. 108
53117 Bonn
(*Wirtschaft*)

Bundesministerium für Frauen und
    Jugend
Kennedyallee 105–107
53175 Bonn
(*Frauen, Gleichberechtigung, Jugend*)

Bundesministerium für Wirtschaft
Villemombler Str. 76
53123 Bonn
(*Wirtschaft*)

Bundesministerium für Ernährung,
    Landwirtschaft und Forsten
Rochusstr. 1
53123 Bonn
(*Dritte Welt*)

Bundesministerium für Arbeit und
    Sozialordnung
Rochusstr. 1
53123 Bonn
(*Arbeit*)

Bundesministerium für Verkehr
Robert-Schumann-Platz 1
53175 Bonn
(*Verkehr, Umweltschutz im Verkehr*)

Bundesministerium der Verteidigung
Fontainengraben 150
53123 Bonn
(*Frieden, Verteidigung*)

Bundesministerium für Gesundheit
Deutschherrnstr. 87
53177 Bonn
(*Gesundheit*)

Bundesministerium für Familie und
  Senioren
Godesberger Allee 140
53175 Bonn
(*Familie, Alter*)

Bundesministerium für wirtschaftliche
  Zusammenarbeit (BMZ)
Karl-Marx-Str. 4–6
53113 Bonn
(*Wirtschaft, Entwicklungshilfe,*
Dritte Welt)

Bundesministerium für Forschung und
  Technologie
Heinemannstr. 2–12
53175 Bonn
(*Wissenschaft, Forschung,*
Technologie)

Bundesministerium für Bildung und
  Wissenschaft
Heinemannstr. 2
53175 Bonn
(*Schule, Ausbildung*)

Bundesministerium für Umwelt,
  Naturschutz und Reaktorsicherheit
Kennedyallee 5
53175 Bonn
(*Umwelt*)

Presse- und Informationsamt der
  Bundesregierung
Welckerstr. 11
53113 Bonn
(*Deutschland und die EU*)

Die Grünen
Bundesgeschäftsstelle
Im Ehrental 2–4
53332 Bornheim-Roisdorf
(*Umwelt*)

SPD-Europabüro Bonn
Ollenhauerstr. 1
53113 Bonn
(*EU*)

LÖSUNGEN

Seite 13
a) Aus *(out)* puff *(puff)* Gase *(gases)* = *exhaust fumes;* b) Arbeit *(work)* Geber *(giver)* = *employer;* c) Umwelt *(environment)* Verschmutzung *(pollution)* = *environmental pollution;* d) Taschen *(pocket)* Buch *(book)* = *paperback;* e) Hand *(hand)* Schuh *(shoe)* = *glove;* f) Fußgänger *(pedestrian)* unter *(under)* Führung *(guidance)* = *pedestrian subway*

Seite 23
zum Beispiel *(for example)*, zu Händen *(for the attention of)*, und so weiter *(etcetera)*, Personenkraftwagen *(car)*, vor allem *(above all)*, das heißt *(that is)*, und zwar *(and indeed)*, und viele(s) andere *(and many more)*, beziehungsweise *(or rather)*, und ähnliches *(and similar)*

Seite 29
a) Karten; b) 5 – card, ticket, map, menu, playing card; c) die; d) wine list; e) He read my cards. f) She laid her cards on the table.

Seite 35
a) die Mitternacht *(midnight)*; b) der Tagesanbruch *(daybreak)*; c) die Geschäftsleute *(business people)*; d) die Geburtstagskarte *(birthday card)*

Seite 53
a) knowledge; b) to get to know; c) expert; d) like an expert; e) code name; f) number plate, mark; g) code number

Seite 67
a) fünf; b) Er trottet hinter seinem Vater her. c) eine Bestätigungsfrage; d) Einen Koffer mit einem Anhänger versehen. e) Etikett ist ein Substantiv und etikettieren ist ein Verb. f) das

Seite 76
die Jugendfürsorge *(youth welfare)*, die Jugendgruppe *(youth group)*, der Jugendstil *(Art Nouveau)*, der Jugendtraum *(youthful dream)*, das Jugendgericht *(juvenile court)*, der Jugendfunk *(radio for young people)*, der Jugendarrest *(young offenders' detention)*, die Jugendpflegerin *(female youth worker)*